Sófocles

ÉDIPO REI

Tradução de Paulo Neves

www.lpm.com.br

L&PM POCKET

Coleção **L&PM** POCKET, vol. 129

Texto de acordo com a nova ortografia.

Primeira edição na Coleção **L&PM** POCKET: setembro de 1998
Esta reimpressão: março de 2025

Tradução: Paulo Neves
Capa: Ivan Pinheiro Machado. *Ilustração*: Édipo e a esfinge, Museu Gregoriano Etrusco do Vaticano, 470-480 a.C.
Revisão: Renato Deitos, Delza Menin e Patrícia Rocha

S681e

Sófocles, 496 a.C.?-406 a.C.?
Édipo Rei / Sófocles; tradução de Paulo Neves. Porto Alegre: L&PM, 2025.
96 p. ; 18 cm – (Coleção L&PM POCKET; v. 129)

ISBN 978-85-254-0914-0

1.Ficção grega-Tragédias. I. Título. II. Série.

CDD 882.01
CDU 875.02

Catalogação elaborada por Izabel A. Merlo, CRB 10/329.

Rua Comendador Coruja, 314, loja 9 – Floresta – 90.220-180
Porto Alegre – RS – Brasil / Fone: 51.3225.5777

PEDIDOS & DEPTO. COMERCIAL: vendas@lpm.com.br
FALE CONOSCO: info@lpm.com.br
www.lpm.com.br

Impresso no Brasil
Verão de 2025

Sófocles
(496 a.C.?-406 a.C.?)

Sófocles nasceu por volta de 496 a.C., em Colono, cidadezinha dos arredores de Atenas, e ali morreu por volta do ano 406 a.C., aos 90 anos de idade. Venceu em 469 a.C. um concurso anual de dramaturgia com uma tetralogia composta de três tragédias e um drama satírico, derrotando o veterano Ésquilo. As apresentações foram consagradoras, e Sófocles se tornou o dramaturgo grego mais festejado e homenageado em vida, além de cidadão ilustre. Ao longo de sua vida, o poeta presenciou a expansão do império ateniense, o apogeu político e cultural helênico, durante o período de Péricles, de quem era amigo. Experimentou também a decadência, com a derrota de Atenas na Guerra do Peloponeso. Em uma cultura em que a política e a poesia encontravam-se bastante ligadas, Sófocles foi nomeado por Péricles ministro do Tesouro (entre 443 a.C. e 442 a.C.) e por duas vezes foi eleito comandante do exército em expedições militares, mas o seu renome deveu-se, realmente, ao seu talento poético. Calcula-se que tenha escrito 123 peças e vencido 24 vezes os concursos anuais de dramaturgia trágica. Deste prolífico autor, chegaram até nossos dias apenas um drama satírico incompleto (*Os Sabujos*), inúmeros fragmentos e sete tragédias completas (as datas das primeiras apresentações são aproximadas): *Ajax* (450 a.C.), *Antígona* (442 a.C.), *Édipo Rei* (430 a.C.), *Electra* (425 a.C.), *Traquinianas* (entre 420 a.C. e 410 a.C.), *Filoctetes* (409 a.C.) e *Édipo em Colono* (401 a.C.). Sófocles é uma figura centralíssima não apenas para o estudo da cultura helênica, mas também da literatura, uma vez que uma de suas peças (*Édipo Rei*) foi praticamente utilizada como modelo de tragédia em *A Poética*, de Aristóteles.

Livros do autor na Coleção **L&PM** POCKET

Antígona
Édipo Rei
Édipo em Colono

Diante do palácio de Édipo. Um grupo de crianças está ajoelhado nos degraus da entrada. Cada uma tem na mão um ramo de oliveira. De pé, no meio delas, está o sacerdote de Zeus.

ÉDIPO – Filhos, jovem linhagem de nosso velho Cadmo, que fazeis aí de joelhos, piedosamente ornados de ramos suplicantes? Por toda a cidade há nuvens de incenso e cantos misturados de lamentos. Julguei assim não poder deixar a outros a tarefa de ouvir vosso apelo, vim eu mesmo, meus filhos, eu, Édipo – cujo nome ninguém ignora. Vamos, ancião, explica-te! És a pessoa indicada para falar em nome deles. A que se deve vossa atitude? A qual temor ou a qual desejo? Fala, estou pronto, se puder, a vos prestar todo o meu auxílio. Eu seria insensível se não me apiedasse de vê-los assim de joelhos.

O SACERDOTE – Pois bem, falarei. Ó soberano de meu país, Édipo, vês a idade de todos esses suplicantes de joelhos diante de teus altares. Uns ainda não têm forças para voar muito longe, outros estão curvados pela velhice; eu sou sacerdote de Zeus; eles formam um grupo seleto de jovens. O resto do povo, piedosamente ornamentado, está de joelhos, ou em nossas praças, ou diante dos dois templos consagrados a Palas, ou ainda junto às cinzas proféticas de Ismeno. Tu o vês como nós: Tebas, sacudida na tormenta, não consegue mais manter a cabeça acima da onda mortífera. A morte a golpeia nos germes onde se formam os frutos do solo, a morte a golpeia em seus rebanhos de bois, em suas mulheres, que não engendram mais a vida. Uma deusa com um archote, deusa terrível entre todas, a Peste, se abateu sobre nós, fustigando nossa cidade e esvaziando aos poucos a casa de Cadmo, enquanto o tenebroso inferno vai se enchendo de nossas queixas, de nossos soluços. Certamente nem eu nem estas crianças, de joelhos diante de teu lar, te igualamos aos deuses; mas te consideramos o primeiro de todos os mortais nos incidentes de nossa existência e nas conjunturas criadas pelos deuses. Bastou-te outrora entrar nesta cidade de Cadmo para libertá-la do tributo que ela pagava então à terrível Cantadeira. Nada tinhas ouvido da boca de nenhum de nós, não havias recebido nenhuma instrução: foi pela ajuda de um deus – todos dizem, todos pensam assim – que soubeste reerguer nossa fortuna. Pois bem! Ainda desta vez, poderoso Édipo, amado por todos aqui, a teus pés te imploramos. Descobre para nós um socorro. Que a voz de um deus te inspire ou que um mortal te instrua, não importa! Os homens experimentados são também aqueles cujos conselhos geralmente se coroam de sucesso. Sim, reabilita nossa cidade, ó tu, o melhor dos humanos! Sim, protege a ti mesmo! Este país hoje te chama seu salvador, pelo ardor em servi-lo que mostraste anteriormente: que o teu reinado não fique com a triste lembrança de nos ter reabilitado para em seguida nos deixar cair. Reabilita esta cidade, definitivamente. Foi sob felizes auspícios que nos trouxeste outrora a salvação: o que foste, sê ainda. Pois, se deves reinar sobre esta terra como reinas hoje, não é melhor que ela seja povoada que deserta? Uma fortaleza, um navio de nada servem, se não há mais homens para ocupá-los.

ÉDIPO – Meus pobres filhos, vindes a mim carregados de súplicas que não ignoro – que conheço muito bem. Sei que vós sofreis; mas, seja qual for vosso sofrimento, não há um de vós que sofra tanto quanto eu. Vossa dor só tem um objeto, é de cada um e ninguém mais. Quanto a mim, meu coração geme por Tebas e por ti e por mim ao mesmo tempo. Não despertais aqui um homem que dormia. Ao contrário, já derramei muitas lágrimas e muito fiz perambular meu pensamento ansioso. O único remédio que pude descobrir, tudo bem considerado, já providenciei sem demora. Enviei o filho de Meneceu, Creonte, meu cunhado, a Delfos, ao templo de Apolo, a perguntar o que eu devia dizer ou fazer para salvar nossa cidade. E o tempo transcorrido, desde o dia em que ele partiu até hoje, não deixa de me inquietar: que aconteceu a Creonte? A duração de sua ausência ultrapassa em muito o prazo normal. Mas, quando ele chegar, serei um criminoso se recusar cumprir o que o deus tiver declarado.

O SACERDOTE – Não podias falar mais oportunamente: as crianças me fazem sinais de que Creonte se aproxima.

ÉDIPO – Ah! se ele pudesse, caro Apolo, nos trazer uma chance de salvar Tebas, como imaginamos por sua aparência radiosa!

O SACERDOTE – Pode-se ao menos supor que está satisfeito. Caso contrário, não teria a fronte ornada de uma larga coroa de louro florescente.

ÉDIPO – Vamos saber tudo. Ei-lo agora ao alcance de nossas vozes. Ó príncipe, caro cunhado, ó filho de Meneceu, que resposta do deus afinal nos trazes?

Creonte entra pela esquerda.

CREONTE – Uma resposta favorável. Creiame, os fatos mais deploráveis, quando tomam o bom caminho, podem levar à felicidade.

ÉDIPO – Mas qual é ela exatamente? O que dizes – sem me alarmar – tampouco me tranquiliza.

CREONTE – Desejas me ouvir diante deles? Estou pronto a falar. Ou preferes entrar?

ÉDIPO – Fala diante de todos. O sofrimento deles me pesa mais que a preocupação com minha pessoa.

CREONTE – Pois bem, eis a resposta que me foi dada em nome do deus. O grande Apolo nos dá a ordem expressa "de limpar a imundície que corrompe este país, e não deixá-la crescer até que se torne inextirpável".

ÉDIPO – Sim. Mas como limpá-la? Qual é a natureza do mal?

CREONTE – Expulsando os culpados, ou fazendo-os pagar assassínio por assassínio, pois é esse sangue que perturba nossa cidade.

ÉDIPO – Mas qual é o homem de cuja morte fala o oráculo?

CREONTE – Este país teve outrora por chefe Laio, antes de tu mesmo passares a governar nossa cidade.

ÉDIPO – Disseram-me, mas jamais o vi.

CREONTE – Ele está morto, e o deus hoje nos prescreve claramente vingá-lo e punir seus assassinos.

ÉDIPO – Mas onde estão eles? Como reencontrar nesta hora o vestígio incerto de um crime tão antigo?

CREONTE – O deus diz que estão neste país. O que se procura se encontra; é o que se negligencia que se deixa escapar.

ÉDIPO – Foi em seu palácio, ou no campo, ou fora do país, que Laio morreu assassinado?

CREONTE – Ele nos deixou para consultar o oráculo, segundo disse. Não retornou à sua casa desde o dia em que partiu.

ÉDIPO – Nenhum mensageiro, nenhum andarilho da estrada presenciou o drama, de quem se pudesse obter alguma informação?

CREONTE – Todos morreram, exceto um, que fugiu, apavorado, e só pôde contar do que havia visto uma coisa, uma só...

ÉDIPO – Qual? Um único detalhe poderia esclarecer muitos outros, se ao menos nos desse uma pequena esperança.

CREONTE – Ele dizia que Laio havia se deparado com bandidos e caíra sob o ataque de vários, não de um homem só.

ÉDIPO – Bandidos teriam mostrado semelhante audácia se o ataque não tivesse sido tramado aqui e pago a preço de ouro?

CREONTE – Foi realmente o que todos pensaram; porém, morto Laio, nenhum defensor se ofereceu a nós em nossa aflição.

ÉDIPO – E que aflição podia, quando um trono acabava de cair, vos impedir de esclarecer tal mistério?

CREONTE – A Esfinge de cantos pérfidos, a Esfinge que nos forçava a deixar assim o que nos escapava, a fim de olharmos de frente o perigo posto sob os nossos olhos.

ÉDIPO – Pois bem, retomarei o caso em seu início e eu mesmo o esclarecerei. Apolo fez muito bem – como tu também o fizeste – em mostrar essa preocupação com o morto. É justo que ambos encontreis em mim um apoio. Encarrego-me ao mesmo tempo da causa de Tebas e do deus. E não é por amigos longínquos, é por mim que pretendo eliminar daqui esta imundície. Seja quem for o assassino, ele pode um dia querer golpear-me do mesmo modo. Defendendo Laio, é também a mim que sirvo. Levantai-vos portanto dos degraus, filhos, sem demora, e levai de volta esses ramos suplicantes. Um outro, no entanto, reunirá aqui o povo de Cadmo. Por ele estou pronto a fazer tudo, e, se o deus me assiste, certamente me verão triunfar – ou perecer.

Ele entra no palácio com Creonte.

O SACERDOTE – Levantemo-nos, filhos, pois o que aqui viemos buscar o rei nos promete. Que Apolo, depois de nos enviar tais oráculos, venha agora nos salvar e pôr um fim a esse flagelo!

As crianças saem com o Sacerdote. Entra o Coro dos anciãos.

Largo.

O CORO – *Ó doce palavra de Zeus, que vens trazer de Delfos, a opulenta, à nossa ilustre cidade,*

a Tebas? Minha alma, estendida pela angústia, palpita de medo. Deus que é invocado com gritos agudos, deus de Delos, deus que cura, quando penso em ti, estremeço: que irás exigir de nós? uma nova obrigação? ou uma obrigação omitida a renovar ao longo dos anos?

Dize-me, Palavra eterna, filha da deslumbrante Esperança.

É a ti que invoco primeiro, tu, a filha de Zeus, imortal Atena; e tua irmã também, rainha desta terra,

Artemis, que tem por trono glorioso a praça redonda de Tebas; e, convosco, Apolo o arqueiro; vamos!

os três juntos, divindades preservadoras, atendei a meu apelo! Se uma vez, quando um desastre ameaçava outrora nossa cidade,

soubestes livrá-la da chama do infortúnio, socorrei ainda hoje!

Mais animado.

Ah! sofro males sem conta. Todo o meu povo está exposto ao flagelo, e meu pensamento não possui arma

que nos permita uma defesa. Os frutos desta nobre terra não crescem mais à luz, e felizes nascimentos

não coroam mais o trabalho que arranca

gritos às mulheres. Um após outro, podem-se ver os tebanos, quais aves ligeiras,

mais céleres que a chama indomável, precipitarem-se na região onde reina o deus do Poente.

E a Cidade perece nessas mortes sem conta. Nenhuma piedade a seus filhos que jazem no chão: eles também são portadores da morte, ninguém geme sobre eles.

Esposas, mães de cabelos brancos, todas se dirigem ao pé dos altares,

suplicantes, chorando seus atrozes sofrimentos. O canto irrompe, acompanhado de um coro de soluços.

Salva-nos, filha deslumbrante de Zeus, envia-nos teu auxílio radioso!

Forte e bem marcado.

Ares, o Brutal, renuncia desta vez ao escudo de bronze. Envolvido num imenso clamor, ele vem nos assaltar, nos consumir.

Ah! que ele dê meia-volta, retrocedendo o caminho a toda velocidade, até a vasta morada de Anfitrite,

ou até as águas da Trácia onde não há praia hospitaleira!

Se a noite deixou algo a fazer, o dia vem terminar sua tarefa. Contra esse cruel, dispara teu raio, esmaga-o, ó Zeus Pai, senhor do relâmpago inflamado.

E tu também, deus lício, gostaria de ver os dardos partidos de teu arco de ouro se dispersarem, invencíveis,*

para me socorrer, para me proteger, juntamente com os archotes cujo clarão Artemis ilumina, quando ela corre, saltitante, pelos montes da Lícia.

Invoco enfim o deus do diadema de ouro, o que deu seu nome a meu país,

o deus do evoé, Baco do rosto púrpura, o companheiro das Mênades errantes. Ah! que ele venha, iluminado por uma tocha ardente, atacar o deus a quem toda honra é recusada entre os deuses!

Édipo sai do palácio e se dirige ao coro do alto de sua entrada.

ÉDIPO – Ouço tuas preces e a essas preces sou eu que respondo. Saibas escutar, acolher minhas palavras, saibas curvar-te às ordens do

* Epíteto de Apolo, relacionado a um dos lugares de seu culto, a Lícia. (N.T.)

flagelo, e terás o reconforto, o alívio esperado de tuas penas. Falo aqui como homem alheio ao relato que ele acaba de ouvir, alheio ao próprio crime; eu não poderia sozinho levar adiante minha investigação, a menos que dispusesse de algum indício; e, como sou de fato um dos últimos cidadãos inscritos nesta cidade, é a vós, é a todos os tebanos, que dirijo solenemente este apelo:

"A todo aquele dentre vós que souber sob o braço de quem tombou Laio, o filho de Lábdaco, ordeno revelar-me tudo. Se ele teme por si mesmo, que se livre sem glória da culpa que lhe pesa: não sofrerá nenhuma violência e partirá daqui em plena segurança. Se ele sabe ser outro o assassino – ou mesmo um homem nascido noutra terra –, que não guarde o silêncio, eu lhe pagarei o preço de sua revelação, acrescido de minha gratidão. Mas se quiserdes permanecer mudos, se um de vós, temendo por um dos seus ou por si mesmo, furtar-se a meu apelo, sabei nesse caso como pretendo agir. Seja quem for o culpado, proíbo a todos, neste país onde tenho o trono e o poder, que o recebam, que lhe falem, que o associem às preces e aos sacrifícios, que lhe deem a menor gota de água lustral. Quero que todos, ao contrário, o lancem para fora de suas casas, como a imundície de nosso país: o oráculo augusto de Delfos há pouco me revelou isso. Eis como pretendo servir ao deus e ao morto. Rogo aos céus que o criminoso, quer tenha agido a sós, sem se trair, ou com cúmplices, tenha uma vida sem alegria, vivida miseravelmente, como um miserável; e, se porventura viesse a admiti-lo conscientemente em meu lar, que eu sofra todos os castigos que minhas imprecações lançaram sobre outros. Tudo isso, intimo-vos a fazê-lo por mim, por Apolo, por esta terra que se extingue, privada de suas colheitas, esquecida de seus deuses".

Édipo desce em direção ao coro. Num tom mais familiar, mas que se anima e se amplia aos poucos.

Sim, ainda que não tivésseis recebido esse aviso dos deuses, não seria decente para vós tolerar semelhante mácula. O melhor dos reis havia desaparecido: cumpria levar as investigações a fundo. Vejo-me nesta hora de posse do poder que ele teve antes de mim, de posse de seu leito, da mulher que ele já havia tornado mãe; filhos comuns seriam hoje mais um laço a nos ligar, se a infelicidade não houvesse golpeado sua raça; mas foi preciso que a sorte viesse se abater sobre sua cabeça! Sendo assim, eu é que lutarei por ele, como se ele tivesse sido meu pai. Nisso empregarei todos os meios, tamanho é o meu desejo de descobrir o autor desse crime, o assassino do filho de Lábdaco, do príncipe descendente de Polidoro, do velho Cadmo, do antigo Agenor! E, a todos que se recusarem a executar minhas ordens, peço aos deuses que não deixem a terra dar-lhes a colheita, não deixem nascer filhos de suas mulheres, mas que os façam perecer desse mal que nos atinge, ou de um outro pior... Ao contrário, a todos vós, tebanos, que obedecerem à minha palavra, desejo que encontrem como auxílio e companheira a Justiça, e os deuses, para sempre!

O CORIFEU – Tu me envolveste nos laços de tua imprecação, ó rei: falar-te-ei como ela o exige. Não cometi o crime, tampouco saberia designar-te o criminoso. Mas cabia a Apolo, ao responder-nos, dizer o que procuramos, o nome do assassino.

ÉDIPO – Dizes a verdade; mas há alguém que possa coagir os deuses a fazer o que não querem?

O CORIFEU – Gostaria então de dar-te um segundo conselho.

ÉDIPO – Até mesmo um terceiro, se quiseres. Vai, não hesites em falar.

O CORIFEU – Como o grande Apolo, sei que mestre Tirésias possui o dom da clarividência. Recorrendo a ele para conduzir essa investigação, teríamos informações muito exatas, rei.

ÉDIPO – Mas tampouco negligenciei esse meio. Creonte falou-me dele, e já enviei dois mensageiros ao adivinho. É estranho que ele ainda não tenha chegado.

O CORIFEU – Importa dizer bem, o resto não conta: rumores no ar e disparates.

ÉDIPO – Que rumores? Não há nada do que dizem que eu não queira saber.

O CORIFEU – Disseram que Laio foi morto por outros viajantes.

ÉDIPO – Também ouvi dizer. Mas a testemunha que teria presenciado o fato não se encontra mais aqui.

O CORIFEU – E o criminoso, se for um pouco suscetível ao temor, há de querer fugir, diante de tuas imprecações.

ÉDIPO – Quem não tem medo de um ato menos medo terá de uma palavra.

O CORIFEU – Mas há alguém que pode confundi-lo: eis que te trazem o augusto adivinho, aquele que, único entre os homens, carrega em seu seio a verdade!

Entra Tirésias, guiado por uma criança. Dois escravos de Édipo os acompanham.

ÉDIPO – Tirésias, tu que percebes tudo, tanto o que se ensina quanto o que permanece interdito aos lábios humanos, tanto o que há no céu quanto o que há na terra, sabes, mesmo sendo cego, do flagelo que assola Tebas. Cremos que somente tu, senhor, poderás nos proteger e nos salvar contra ele. Com efeito, Apolo – se nada soubeste por meus enviados –, Apolo consultado nos deu este conselho: há um único meio para nos livrarmos do flagelo; é descobrir os assassinos de Laio, para em seguida fazê-los perecer ou exilá-los do país. Não nos recuses, pois, nem os conselhos que as aves inspiram, nem os sinais da ciência profética, e salva-te, a ti e a teu país, salva-me também, salva-nos de toda mácula que a morte nos pode infligir. Nossa vida está em tuas mãos. Para um homem, não há mais nobre tarefa que ajudar os outros na medida de sua força e de seus recursos.

TIRÉSIAS – Ai de mim! como é terrível saber, quando o saber de nada serve a quem o possui! Eu não o ignorava, mas havia esquecido. Caso contrário, não teria vindo.

ÉDIPO – O que foi? e por que tamanha perturbação ao pensamento de ter vindo?

TIRÉSIAS – Vai, deixa-me voltar para casa: assim teremos menos dificuldade de suportar, eu a minha sina, tu a tua.

ÉDIPO – Que dizes? Não é normal nem conforme ao amor que deves a Tebas, tua mãe, recusar-lhe um oráculo.

TIRÉSIAS – Ah! é que te vejo não dizer aqui o que convém; e, como temo cometer também o mesmo erro...

ÉDIPO – Não, pelos deuses! Se sabes, não te desvies de nós. Estamos todos aqui a teus pés, suplicantes.

TIRÉSIAS – É que todos, todos vós ignorais... Mas não, não esperes de mim que eu revele minha infelicidade – para não dizer: a tua.

ÉDIPO – Como? então sabes e nada queres dizer? Não compreendes que nos trais e pões a perder teu país?

TIRÉSIAS – Não quero afligir nem a ti nem a mim. Por que me forçar inutilmente desse modo? De mim, nada saberás.

ÉDIPO – Ó maldade das maldades – pois és capaz de enfurecer uma pedra –, então nada queres dizer, pretendes mostrar-te a tal ponto insensível, obstinado?

TIRÉSIAS – Censuras minha furiosa obstinação, enquanto não percebes a que habita em ti, e é a mim que a seguir condenas!

ÉDIPO – E quem não se enfureceria ao ouvir de tua boca palavras que são afrontas a esta cidade?

TIRÉSIAS – As infelicidades virão sozinhas:

pouco importa que eu me cale e as queira te ocultar!

ÉDIPO – Mas, se elas devem vir, não convém que tu me digas?

TIRÉSIAS – Nada mais direi. Se quiseres, deixa teu despeito mostrar seu furor mais feroz.

ÉDIPO – Que assim seja! No furor em que me encontro nada ocultarei do que entrevejo. Saibas portanto que, para mim, foste tu que tramaste o crime, foste tu que o cometeste – apenas não foi teu braço que golpeou. Mas, se tivesses olhos, eu diria que mesmo isso foste tu, somente tu que fizeste.

TIRÉSIAS – É mesmo? Então intimo-te, eu, a cumprir a ordem que tu mesmo proclamaste, de não mais falar deste dia em diante a quem quer que seja, nem a mim, nem a estas pessoas; pois fica sabendo que és tu, és tu o criminoso que mancha este país!

ÉDIPO – O quê?! tens a impudência de dizer tal coisa? E pensas poder esquivar-te em seguida?

TIRÉSIAS – Permaneço imune a teus ataques: em mim vive a força da verdade.

ÉDIPO – E quem teria te dito a verdade? Certamente não foi tua arte.

TIRÉSIAS – Foste tu, que me forçaste a falar contra minha vontade.

ÉDIPO – E a dizer o quê? repete, para que eu entenda melhor.

TIRÉSIAS – Será que não compreendeste? Ou me tateias para fazer-me falar?

ÉDIPO – Não o bastante para dizer que compreendi bem. Vai, repete outra vez.

TIRÉSIAS – Digo que és tu o assassino procurado.

ÉDIPO – Ah! não repetirás tais horrores impunemente!

TIRÉSIAS – E devo ainda dizer, para aumentar teu furor...

ÉDIPO – Diz o que quiseres: falarás em vão.

TIRÉSIAS – Pois bem, eu o digo. Sem saberes, vives num comércio infame com os mais próximos de teus familiares, e sem te dares conta do grau de miséria a que chegaste.

ÉDIPO – E imaginas poder dizer mais sem que isso te custe nada?

TIRÉSIAS – Sim, se a verdade conserva algum poder.

ÉDIPO – Noutra parte, mas não em ti! Não num cego, que tem a alma e os ouvidos tão fechados quanto os olhos!

TIRÉSIAS – Mas tu, igualmente, não és senão um infeliz, quando me lanças ultrajes que toda a gente em breve te lançará também.

ÉDIPO – Vives só de trevas, tu: como poderias prejudicar-me, a mim ou a quem quer que veja a luz do dia?

TIRÉSIAS – Não, meu destino não é cair sob teus golpes: Apolo não teria dificuldade em fazer-te pagar por eles.

ÉDIPO – Quem inventou essa história, Creonte ou tu?

TIRÉSIAS – Não é Creonte, tu é que te pões a perder.

ÉDIPO – Ah! riqueza, coroa, saber que ultrapassa todos os outros saberes, fazeis certamente a vida invejável; mas quantos ciúmes conservais contra ela dentro de vós! se é verdade que, por esse poder que Tebas pôs em minhas mãos, sem que eu jamais o pleiteasse, Creonte, o leal Creonte, o amigo de sempre, busca hoje sorrateiramente enganar-me, expulsar-me daqui, e para tanto subornou esse falso profeta, esse grande instigador de intrigas, esse pérfido charlatão, cujos olhos estão abertos ao lucro, mas inteiramente fechados para sua arte. Pois, enfim, dize-me, quando foste um adivinho de verdade? por que, quando a ignóbil Cantadeira estava dentro de nossas muralhas, não disseste a esses cidadãos a palavra que os teria salvo? E não era qualquer um que podia resolver o enigma: isso requeria a arte de um adivinho. Essa arte, tu não mostraste que a terias aprendido nem das aves nem de um deus! Entretanto, chego eu, Édipo, ignorante de tudo, e sou eu, eu sozinho, que lhe fecho a boca, sem nada conhecer dos presságios, por minha simples presença de espírito. E eis aí o homem que hoje pretendes expulsar de Tebas! Por certo já te imaginas de pé junto ao trono de Creonte! Essa expulsão poderia custar-te caro, a ti e àquele que armou a intriga. Se não me parecesses tão velho, receberias exatamente a lição por tua malícia.

O CORIFEU – Parece-nos que, se as palavras dele foram ditadas pela cólera, também o são as tuas, Édipo; e não é de tais palavras que necessitamos aqui. Como resolver da melhor maneira o oráculo de Apolo: eis tudo o que devemos examinar!

TIRÉSIAS – Tu reinas; mas tenho também meu direito, que deves reconhecer, o direito de responder-te ponto por ponto em minha vez, e esse direito é incontestavelmente meu. Não é a ti que sirvo, sirvo a Apolo; portanto não terei de reclamar o patrocínio de Creonte. E eis o que te digo. Tu me censuras de ser cego; mas tu, que vês, como não vês a que ponto de miséria te encontras nesta hora? e debaixo de que teto vives, em companhia de quem? – sabes ao menos de quem nasceste? – Não suspeitas o horror que és para os teus, tanto no inferno como na terra. Em breve, como um duplo látego, a maldição de um pai e de uma mãe, que se aproxima terrível, irá te expulsar daqui. Vês a luz: em breve não verás senão a noite. Que margens não encherás então com teus clamores? – que Citéron* não os ecoará? – quando compreenderes que praia inclemente foi para ti esse himeneu onde te fez abordar uma viagem demasiado feliz! Tampouco en-

* Monte consagrado às Musas e a Zeus, na Beócia. (N.T.)

trevês a torrente de desastres novos que irá te rebaixar à condição de teus filhos! Dito isso, vai, insulta Creonte, insulta meus oráculos: homem algum antes de ti não terá sido mais duramente esmagado pela sorte.

ÉDIPO – Ah! pode-se tolerar ouvir falar desse modo? Que o diabo te carregue, e depressa! Depressa, vira as costas a esse palácio. Fora daqui! vai embora!

TIRÉSIAS – Eu não teria vindo por mim mesmo: foste tu que me chamaste.

ÉDIPO – Acaso eu podia saber que só dirias tolices? Se soubesse, não teria perdido meu tempo para trazer-te até aqui.

TIRÉSIAS – Então sou visto por ti como um tolo? No entanto, eu era um sábio aos olhos de teus pais.

ÉDIPO – Que pais? Espera! De quem sou o filho?

TIRÉSIAS – Esse dia te fará nascer e morrer ao mesmo tempo.

ÉDIPO – Só sabes falar com palavras obscuras e enigmas?

TIRÉSIAS – Ora, não és mais o decifrador de enigmas?

ÉDIPO – Agora censuras o que faz minha grandeza.

TIRÉSIAS – É justamente o teu sucesso que te perde.

ÉDIPO – Se salvei a cidade, que me importa o resto?

TIRÉSIAS – Está bem, eu parto. Criança, leva-me embora.

ÉDIPO – Sim, que ela te leve embora! Tua presença me aborrece e me pesa. Podes partir: não ficarei mais pesaroso por isso.

TIRÉSIAS – Eu parto, mas primeiro direi a razão por que vim. Teu rosto não me assusta: não és tu quem pode me destruir. Eu te digo sem receio: o homem que procuras há algum tempo, com todas essas ameaças, essas proclamações sobre Laio assassinado, esse homem está aqui mesmo. Acreditam ser um estrangeiro, um estrangeiro estabelecido neste país: ele se revelará um tebano autêntico – e esse fato não lhe causará alegria. Ele via: desse dia em diante será cego; ele era rico: mendigará. E, tateando o caminho à sua frente com o bastão, irá para uma terra estrangeira. De um só golpe, ele se descobrirá ao mesmo tempo pai e irmão dos filhos que o cercavam, esposo e filho da mulher da qual nasceu, rival incestuoso e assassino do próprio pai! Retorna agora, medita sobre meus oráculos, e, se puderes provar que menti, admitirei que ignoro tudo da arte dos adivinhos.

Ele sai. Édipo retorna a seu palácio.

Animado.

O CORO – *Quem é esse que a rocha profética de Delfos designou como tendo com a mão sangrenta perpetrado perversidades que superam todas as perversidades?*

Eis que é tempo para ele de mover em sua fuga jarretes mais robustos que os das éguas que lutam com os ventos.

Sobre ele já se lança o filho de Zeus, armado de chamas e relâmpagos, e em suas pegadas correm as deusas da morte, as terríveis deusas que jamais deixaram de alcançar sua presa.

Ela acaba de lampejar, brilhante, a palavra emitida do Parnaso nevoso. Ela quer que todos saiam em busca do culpado incerto.

Ele já segue errante pela floresta selvagem, através de grutas e rochedos, como um touro.

Solitário e miserável em sua fuga miserável, ele procura escapar aos oráculos saídos do centro da Terra. Mas estes continuam aí, voando a seu redor!

Mais contido.

Certamente ele perturba-me, perturba-me estranhamente, o sábio adivinho. Não posso acreditar nele nem desmenti-lo. O que dizer? Não sei. Flutuo ao vento de meus temores e nada mais vejo nem adiante nem atrás de mim.

Que conflito podia existir, seja na alma dos labdácidas, seja na do filho de Pólibo? Nem no passado nem no presente*

encontro a menor prova que me force a partir em guerra contra o sólido renome de Édipo, e a instituir-me, em nome dos labdácidas, o vingador deste ou daquele crime incerto.

---

* Referência à suposta origem de Édipo. Pólibo é o rei de Corinto que o adotou. (N.T.)

E, se Zeus e Apolo são por certo clarividentes e conhecedores do destino dos mortais, será que, entre os homens, um adivinho possui dons superiores aos meus? Nada o atesta verdadeiramente. Sim, um saber humano

pode sempre ultrapassar outros; mas, enquanto não forem comprovadas as denúncias dos acusadores, recuso-me a admiti-las.

O que permanece certo é que a Virgem alada um dia se uniu a Édipo, e ele provou então sua sabedoria e seu amor por Tebas. Por isso jamais meu coração lhe imputará um crime.

Creonte chega pela direita.

CREONTE – Fui informado, cidadãos, de que nosso rei Édipo se manifesta contra mim em acusações singulares. Essa ideia me é intolerável, e por isso estou aqui. Se realmente ele imagina que neste momento lhe causo o menor dano, seja em palavras, seja em atos, então não desejo mais viver: esse descrédito me pesaria demais. Acusações desse tipo me trazem mais do que um simples prejuízo: haveria para mim algo pior do que ser tomado por um traidor em minha cidade, por um traidor a teus olhos como aos de todo o meu povo?

O CORIFEU – O ultraje pode ter-lhe sido arrancado pela cólera, e não enunciado a sangue-frio.

CREONTE – Ele não disse formalmente que seria para servir a meus propósitos que o adivinho teria enunciado essas mentiras?

O CORIFEU – Sim, foi exatamente o que ele disse, mas ignoro com que espírito.

CREONTE – Mas conservava ele o olhar, o juízo de um homem são, enquanto lançava essa acusação contra mim?

O CORIFEU – Não sei: não tenho olhos para o que fazem meus senhores. Mas ei-lo que acaba de sair do palácio.

Édipo aparece na entrada do palácio.

ÉDIPO – Que fazes aqui? Ah! Tens o atrevimento, insolente, de vir até meu palácio, assassino que atenta claramente contra minha vida, bandido visivelmente ávido de meu trono!... Mas, vejamos, fala, em nome dos deuses! que viste em mim – covardia ou tolice? – para decidires tratar-me desse modo? Ou pensavas que eu não poderia surpreender teu complô em marcha, nem barrar-lhe o caminho se o surpreendesse? A tolice está antes em teu projeto, em ti, que partes, sem o povo, sem amigos, à conquista de um trono que jamais foi obtido a não ser pelo povo e pela riqueza.

CREONTE – Sabes o que deves fazer? Tu falaste: deixa-me agora falar e depois julga, assim que tiveres me ouvido.

ÉDIPO – Tu falas bem, mas eu te ouço mal. Percebo-te ao mesmo tempo hostil e inquietante.

CREONTE – Sobre esse ponto, justamente, começa por me escutar.

ÉDIPO – Sobre esse ponto, justamente, não comeces por dizer que não és um traidor.

CREONTE – Se realmente imaginas que arrogância sem razão constitui uma vantagem, então perdeste teu bom-senso.

ÉDIPO – Se realmente imaginas que um parente que trai seus familiares não deve ser castigado, perdeste também o teu.

CREONTE – Estou de acordo, nada mais justo. Mas diz, que dano pretendes ter sofrido de mim?

ÉDIPO – Sim ou não, afirmaste que eu devia mandar buscar o augusto adivinho?

CREONTE – E continuo, ainda agora, tendo a mesma opinião.

ÉDIPO – Dize-me então desde quando vosso rei Laio...

CREONTE – Fez o quê? não percebo todo o teu pensamento.

ÉDIPO – ... desapareceu, vítima de uma agressão mortal.

CREONTE – Isso foi há muitos e longos anos.

ÉDIPO – Nosso adivinho já exercia sua arte?

CREONTE – Sim, já era igualmente sábio e considerado.

ÉDIPO – Ele falou de mim nessa ocasião?

CREONTE – Não, jamais, pelo menos em minha presença.

ÉDIPO – E sobre a morte, não foi feito um inquérito?

CREONTE – É evidente que sim – sem chegar a nada.

ÉDIPO – E por que o sábio adivinho não falou então?

CREONTE – Não sei. Minha regra é calar-me a respeito do que ignoro.

ÉDIPO – O que sabes e o que dirás, se ao menos não perdeste o senso...

CREONTE – O quê? Se eu souber, nada ocultarei.

ÉDIPO – É que ele jamais teria me atribuído a morte de Laio, se não estivesse em conluio contigo.

CREONTE – Se foi isso o que ele disse, tu sabes por ti mesmo. Peço-te apenas que agora respondas, como o fiz para ti.

ÉDIPO – Seja! Interroga-me. Não é em mim que se descobrirá o assassino!

CREONTE – Vejamos: tu desposaste minha irmã.

ÉDIPO – Seria muito difícil afirmar o contrário.

CREONTE – Reinas portanto neste país com direitos iguais aos dela.

ÉDIPO – E tudo o que ela deseja obtém sem dificuldade de mim.

CREONTE – E, quanto a mim, não participo igualmente de vosso poder?

ÉDIPO – É justamente aí que te revelas um traidor!

CREONTE – Mas não! Procura entender o meu caso. Reflete primeiro nisto: acreditas que alguém preferiria reinar no tremor constante em vez de dormir tranquilo desfrutando do mesmo poder? Não nasci com o desejo de ser rei, mas sim de viver como um rei. E assim todo aquele dotado de razão. Hoje, obtenho tudo de ti, sem que me custe nenhum temor: se eu mesmo reinasse, quantas coisas teria de fazer contra a minha vontade! Como então eu poderia achar o trono preferível a um poder, a uma autoridade que não me traz nenhuma preocupação? Não me iludo a ponto de desejar mais do que honraria e proveito. Sinto-me hoje à vontade com todos, todos me cumprimentam, os que têm necessidade de ti vêm antes conversar comigo: para eles, o sucesso está assim garantido. E eu trocaria isto por aquilo? Não, razão não poderia converter-se em desrazão. Jamais tive gosto por tal ideia. E tampouco aceitaria aliar-me a quem agisse assim. Se queres a prova, vai a Delfos e pergunta se te transmiti exatamente o oráculo. Se então puderes provar que conspirei com o adivinho, manda-me matar: não apenas tua voz me condenaria, mas nossas duas vozes, a tua e a minha. Não venhas porém, por uma simples suspeita, incriminar-me sem ter-me ouvido. Não é justo tomar levianamente os maus pelos bons, os bons pelos maus. Rejeitar um amigo leal é na verdade privar-se de uma parte da própria vida, isto é, daquilo que mais se preza. Mas é preciso tempo para compreender isso de maneira segura. Somente o tempo é capaz de mostrar um homem honesto, enquanto basta um dia para desmascarar um traidor.

O CORIFEU – Quem quer evitar o erro concordará que ele falou bem. Decidir apressadamente é arriscado, rei.

ÉDIPO – Quando um inimigo, na sombra, se apressa em minha direção, devo também me apressar em tomar um partido. Se permaneço sem agir, seu golpe acerta o alvo e o meu não.

CREONTE – O que queres? Exilar-me do país?

ÉDIPO – De modo algum: quero tua morte, não teu exílio.

CREONTE – Mas mostra-me primeiro a razão de teu ódio.

ÉDIPO – Pretendes então ser rebelde? Recusas-te a obedecer?

CREONTE – Sim, quando te vejo perder o senso.

ÉDIPO – Tenho o senso do meu interesse.

CREONTE – Tens o do meu também?

ÉDIPO – Não passas de um traidor.

CREONTE – E se não compreendes nada?

ÉDIPO – Não importa! Obedece a teu rei.

CREONTE – Não a um mau rei.

ÉDIPO – Tebas! Tebas!

CREONTE – Tebas é tanto minha quanto tua.

O CORIFEU – Parai, ó príncipes!... Mas vejo Jocasta sair do palácio neste instante. Convém que ela vos ajude a resolver essa disputa.

Jocasta aparece na entrada do palácio e se interpõe entre Édipo e Creonte.

JOCASTA – Insensatos! por que suscitar aqui uma absurda guerra de palavras? Não vos envergonhais, quando vosso país sofre o que sofre, de expor aqui vossos rancores privados? (*A Édipo*) Vamos, retorna ao palácio. E tu para tua casa, Creonte. Não façais de um nada uma imensa dor.

CREONTE – É teu esposo, minha irmã, é Édipo quem pretende tratar-me de um modo estranho e decidir ele próprio se me expulsará de Tebas ou se me condenará à morte.

ÉDIPO – Exatamente! Não o surpreendi armando criminosamente contra minha pessoa uma intriga criminosa?

CREONTE – Que toda sorte me abandone e que eu morra neste instante sob minha própria imprecação, se alguma vez fiz contra ti aquilo de que me acusas!

JOCASTA – Em nome dos deuses, Édipo, acredita nele, nesse ponto. Respeita sua palavra – os deuses são fiadores dela –, respeita-me também e a todos que estão aí.

Bastante agitado.

O CORO – *Cede a seu pedido, mostra boa vontade, recupera teu sangue-frio, eu te imploro, senhor.*

ÉDIPO – Que devo então te conceder?

O CORO – *Respeita aqui um homem que jamais foi insano, e que hoje seu juramento torna sagrado.*

ÉDIPO – Mas sabes bem o que desejas?

O CORIFEU – Sim.

ÉDIPO – Pois bem, diz o que queres dizer.

O CORO – *Ele é teu parente; um juramento o protege: não lhe faças a afronta de acusá-lo por uma simples suspeita.*

ÉDIPO – Eis então o que pedes! Nesse caso, queres minha morte, ou meu exílio.

O CORO – *Não, tomo por testemunha o deus que prima entre os deuses, tomo por testemunha o Sol; que eu pereça nos últimos suplícios, abandonado pelos deuses, abandonado pelos meus, se tiver tal pensamento!*

Mas este país que morre desola minha alma, se devo ver acrescentados aos males de ontem males que vêm de vós dois.

ÉDIPO – Está bem! que ele parta, deva eu perecer seguramente, ou ser expulso à força e ignominiosamente de Tebas! É tua linguagem que me toca, ela me compadece, não a dele. Onde quer que ele esteja, será o objeto de meu ódio.

CREONTE – Vejo que cedes o perdão para em seguida ficar confuso, quando tua cólera passar. Um caráter como o teu faz sofrer sobretudo a si mesmo, e é justo que seja assim.

ÉDIPO – Anda, deixa-me em paz e vai-te embora!

CREONTE – Eu vou, não reconhecido por ti; mas para eles permaneço o homem que eu era.

Ele se afasta pela esquerda.

Bastante agitado.

O CORO – *Por que demoras, mulher, em levá-lo de volta ao palácio?*

JOCASTA – Quero saber primeiro o que aconteceu.

O CORO – *Uma suspeita surgida de palavras mal compreendidas. E também o ressentimento por uma injusta acusação.*

JOCASTA – Então ambos são responsáveis?

O CORIFEU – Sim.

JOCASTA – Mas qual era o assunto?

O CORO – *É o bastante, o bastante, quando Tebas já sofre tanto, dar o caso por encerrado.*

ÉDIPO – Vês o que fizeste, apesar de tua boa intenção, ao aplacar e embotar minha cólera?

O CORO – *Ó rei, já te disse mais de uma vez, eu me mostraria insensato, privado de razão, se me separasse de ti.*

Foste tu, quando minha cidade estava em apuros, que soubeste recolocá-la no sentido do vento: ainda hoje, se puderes, sê para ela o bom piloto.

JOCASTA – Em nome dos deuses, dize-me, senhor, o que pôde suscitar em ti tamanha cólera.

ÉDIPO – Sim, te direi. Eu te respeito, a ti, mais que a todos. Foi Creonte, foi o complô que ele armou contra mim.

JOCASTA – Fala, que eu veja se podes denunciar exatamente o objeto dessa disputa.

ÉDIPO – Ele afirma que fui eu quem matou Laio.

JOCASTA – Diz isso por conta própria ou ouviu de um outro?

ÉDIPO – Ele nos mandou um adivinho – um tratante. Quanto a ele próprio, conserva sua língua sempre livre de impudência.

JOCASTA – Absolve-te do crime de que falas e escuta-me. Verás que jamais criatura humana possuiu a arte de predizer. E dar-te-ei a prova disso em poucas palavras. Outrora um oráculo chegou a Laio, não de Apolo, mas de seus sacerdotes. O destino que o esperava era morrer pela mão de um filho que nasceria dele e de mim. Ora, Laio foi abatido por bandidos estrangeiros, no cruzamento de dois caminhos, segundo consta; por outro lado, três dias após ter nascido a criança, Laio prendeu seus tornozelos e mandou abandoná-la num monte deserto. Deste modo, Apolo não pôde fazer nem que o filho matasse seu pai, nem que Laio, como temia, morresse pela mão de seu filho. E era esse o destino que vozes proféticas nos comunicavam! Portanto, não dês importância a essas vozes. As coisas que um deus quer consumar ele próprio saberá revelá-las.

ÉDIPO – Ah! ao te ouvir, sinto de repente, ó mulher, minha alma extraviar-se, minha razão vacilar!

JOCASTA – Que inquietude te faz subitamente olhar para trás?

ÉDIPO – Disseste exatamente isto: Laio teria sido morto no cruzamento de dois caminhos?

JOCASTA – É o que disseram então, é o que ainda dizem.

ÉDIPO – E em que país se acha o lugar onde Laio teria padecido essa sorte?

JOCASTA – O país é a Fócida; a encruzilhada é onde se juntam os caminhos que vêm de Delfos e de Dáulis.

ÉDIPO – E quanto tempo teria se passado desde o acontecimento?

JOCASTA – Foi pouco antes do dia em que se reconheceu teu poder sobre Tebas que a notícia chegou aqui.

ÉDIPO – Ah! que pensas em fazer de mim, Zeus?

JOCASTA – O que continua a te inquietar, Édipo?

ÉDIPO – Espera mais um pouco para me interrogar. E Laio, como era sua aparência? que idade tinha?

JOCASTA – Era alto. Seus cabelos começavam a embranquecer. Seu aspecto não era muito diferente do teu.

ÉDIPO – Infeliz! sem suspeitar, temo ter lançado contra mim mesmo, há pouco, estranhas maldições.

JOCASTA – Que dizes, senhor? Estremeço em te olhar.

ÉDIPO – Perco terrivelmente o ânimo ante a ideia de que o adivinho viu muito claro. Acabarás de me provar isso dizendo mais uma coisa.

JOCASTA – Estou com medo também; mas diz o que queres saber e te responderei.

ÉDIPO – Laio viajava com pequena escolta ou cercado de muitos guardas, como convém a um soberano?

JOCASTA – Eram cinco ao todo, incluindo um arauto. Laio ia num carro.

ÉDIPO – Ah! desta vez tudo é claro!... Mas quem te fez o relato, mulher?

JOCASTA – Um servidor, o único sobrevivente da viagem.

ÉDIPO – Ele se encontra atualmente no palácio?

JOCASTA – Não, logo ao retornar, encontrando-te no trono e vendo Laio morto, segurou minha mão, suplicou que o deixasse ficar no campo, cuidando de seus animais. Queria doravante ficar o mais longe possível de Tebas. Deixei-o partir. Era apenas um escravo, mas merecia esse favor, e até mais.

ÉDIPO – Pode-se localizá-lo e trazê-lo aqui sem demora?

JOCASTA – É possível. Mas por que desejas tão ardentemente sua presença?

ÉDIPO – Receio por mim, ó mulher, receio ter falado demais. E por isso quero vê-lo.

JOCASTA – Ele virá. Mas, quanto a mim, também não mereço ficar sabendo o que te atormenta, senhor?

ÉDIPO – Eu não saberia te dizer não: minha ansiedade é grande demais. Que confidente mais preciosa eu poderia ter senão tu, em meio a tal provação? Meu pai é Políbo – Políbo de Corinto. Mérope, minha mãe, é uma dória. Eu desfrutava o maior prestígio, entre os cidadãos daquela cidade, quando ocorreu um incidente, que merecia minha surpresa, sem dúvida, mas não que o levasse tão a sério como o levei. Durante um banquete, no momento do vinho, na embriaguez, um homem chamou-me "filho suposto". A expressão me incomodou, foi difícil suportar aquele dia, e logo no dia seguinte fui interrogar meu pai e minha mãe. Eles se mostraram indignados contra o autor dessas palavras; mas, embora a atitude deles me tranquilizasse, a expressão continuava a me ferir e aos poucos se alastrava em meu coração. Então, sem avisar meu pai nem minha mãe, parto para Delfos; lá chegando, Apolo manda-me embora sem sequer dignar-se a responder àquilo pelo qual eu viera, mas não sem antes predizer ao infortunado que eu tinha o mais horrível, o mais lamentável destino: eu entraria no leito de minha mãe, faria o mundo ver uma raça monstruosa, seria o assassino do pai de que eu nascera! Após ouvir isso, deixo Corinto e seu território para sempre, intempestivamente, fujo para lugares onde não pudesse ver se realizarem as ignomínias que o terrível oráculo me predizia. E eis que meu caminho me conduz ao lugar onde dizes que esse príncipe teria perecido... A ti, mulher, direi toda a verdade. No momento em que, seguindo meu caminho, me aproximava da encruzilhada, um arauto e, sobre um carro puxado por potros, um homem semelhante ao que me descreves vinham em sentido contrário. O guia e o próprio velho procuram afastar-me com violência. Encolerizado, golpeio o que pretende tirar-me do caminho, o condutor. Mas o velho me vê, espera o instante em que passo perto dele e de seu carro me desfere na cabeça um golpe com seu duplo chicote. Ele pagou caro por esse gesto! Num instante, atingido pelo bastão que eu empunhava, ele cai de costas do carro e rola pelo chão – e eu mato todos eles... Se alguma ligação existe entre Laio e esse desconhecido, há nesta hora um mortal que tenha mais a temer do que este que vês? Há homem mais abominado pelos deuses? Estrangeiro, cidadão, ninguém mais pode receber-me em sua casa, dirigir-me a palavra, todos devem repelir-me. Pior ainda, eu mesmo descubro hoje ter lançado contra mim essas imprecações. Maculo a esposa do morto, ao tomá-la entre estes braços que fizeram perecer Laio! Sou então um criminoso? Serei completamente impuro? Terei que me exilar, e exilado não mais rever minha gente, não mais pisar o solo de minha pátria? Caso contrário, correria ainda o risco de entrar no leito de minha mãe e tornar-me o assassino de meu pai, esse Políbo que me engendrou e alimentou. É um deus cruel que me reservou esse destino? Pode-se dizer isso, e sem erro. Ó santa majestade dos deuses, não, que eu jamais veja esse dia! Ah! melhor partir e desaparecer do mundo dos humanos antes que tal infortúnio venha manchar minha fronte!

O CORIFEU – Confesso que tudo isso me inquieta, senhor. Mas, enquanto não tiveres ouvido a testemunha, conserva a esperança.

ÉDIPO – Sim, minha esperança é essa: esperar esse homem, esse pastor – nada mais.

JOCASTA – Mas por que tal desejo de vê-lo?

ÉDIPO – Por quê? Se ele disser o que dizes, estou isento de culpa.

JOCASTA – E que palavras eu disse que te impressionaram?

ÉDIPO – Disseste que foram bandidos que, segundo ele, mataram Laio. Se ele repetir esse plural, não sou mais o assassino: um homem sozinho não se confunde com um bando. Ao contrário, se ele falar de um homem, de um viajante isolado, então o crime recai claramente sobre meus ombros.

JOCASTA – Mas não, foi isso, esteja certo que foi isso que ele proclamou; ele não tem mais como desmenti-lo: foi a cidade inteira, não fui só eu quem ouviu. De qualquer modo, mesmo se modificasse sua antiga declaração, ele não provaria com isso que seu relato do crime é verdadeiro desta vez, posto que Laio devia, segundo Apolo, perecer pela mão de meu filho, e não pode ter sido esse desditoso filho que lhe causou a morte, já que ele próprio morreu primeiro. Sendo assim, em matéria de profecias, doravante não levarei mais em conta isso do que aquilo.

ÉDIPO – Tens razão; apesar de tudo, envia alguém que nos traga esse lacaio. Não deixes de fazer isso.

JOCASTA – Envio agora mesmo. Mas entremos novamente. Não há nada que te agrade que eu não esteja pronta a fazer.

Eles entram juntos no palácio.

Moderado.

O CORO – *Ah! que o Destino me faça conservar sempre a santa Pureza em todas as minhas palavras, em todos os meus atos. As leis que os regem*

habitam nas alturas: elas nasceram no celeste éter, e o Olimpo

é seu único pai; nenhum ser mortal as criou; jamais o esquecimento as fará adormecer: um deus poderoso existe nelas, um deus que não envelhece.

A desmedida engendra o tirano. Quando a desmedida se fartou insanamente, sem se preocupar com o momento e a conveniência,

e quando ela subiu ao mais alto, à cumeeira, eis que se precipita de súbito num abismo fatal,

onde seus pés quebrados recusam-se então a servi-la. Ora, é a luta gloriosa pela salvação da cidade que, ao contrário, peço a Deus para jamais interromper-se: Deus é minha salvaguarda e sempre o será.

Mas aquele que prossegue assim, ostentando orgulho em seus gestos e em suas palavras, sem temer a Justiça, sem respeitar os templos divinos, que este tenha um destino doloroso que castigue seu orgulho funesto,

no dia em que se revelar capaz de só buscar proveitos criminosos, sem recuar sequer diante do sacrilégio, e de lançar insanamente as mãos sobre o que é inviolável.

Há em tal situação alguém que esteja certo de afastar de sua alma as setas da vingança? Se tais costumes passarem a ser honrados, que necessidade tenho eu de formar coros aqui?

Não, não irei mais venerar o centro augusto da Terra, não irei mais aos santuários de Abas nem de Olímpia, se todos os humanos não concordarem em estigmatizar tais práticas.

Ah! Zeus soberano, se teu renome é verdadeiro, se és o mestre do universo, não permitas que elas escapem a teus olhares, ao teu poder eterno.

Eis que se consideram caducos e pretende-se abolir os oráculos feitos outrora a Laio! Apolo se vê privado abertamente de toda honra. Perde-se o respeito aos deuses.

Jocasta sai do palácio acompanhada de servas que portam flores e vasos de perfumes.

JOCASTA – Chefes deste país, pensei em visitar os templos dos deuses para levar-lhes com minhas mãos essas guirlandas, esses perfumes. Édipo deixa seus pesares abalarem demais seu coração. Ele não sabe julgar com sangue-frio o presente pelo passado. Entrega-se a quem lhe fala, quando lhe falam de infelicidade. Já que meus conselhos nada obtêm dele, é para ti que me dirijo, ó deus lício, Apolo, nosso vizinho. Venho a ti como suplicante, portadora de nossos votos. Dá-nos um remédio contra toda mácula. Inquietamo-nos de ver Édipo perturbado, quando está em suas mãos o leme de nosso navio.

Entra um ancião pela esquerda.

O CORÍNTIO – Estrangeiros, eu poderia saber onde é o palácio de Édipo, vosso rei? Ou, melhor ainda, se sabeis onde ele se encontra, dizei-me.

O CORIFEU – Eis sua morada, e nela o encontrarás pessoalmente, estrangeiro. A mulher que aí vês é a mãe de seus filhos.

O CORÍNTIO – Que ela seja feliz para sempre em meio a filhos felizes, já que é para Édipo uma esposa exemplar!

JOCASTA – Que também sejas feliz, estrangeiro! Tua cortesia bem o merece. Mas explica-me a razão de tua vinda, a notícia que nos trazes.

O CORÍNTIO – É uma boa notícia para tua casa, ó mulher, assim como para teu esposo.

JOCASTA – Que dizes? Mas, primeiro, de onde vens?

O CORÍNTIO – Venho de Corinto. A notícia que trago certamente te alegrará – o contrário seria impossível – mas talvez também te aflija.

JOCASTA – Que notícia é essa? e como ela tem esse duplo poder?

O CORÍNTIO – O povo de lá quer instituir Édipo rei de Corinto.

JOCASTA – O quê?! e o velho Políbo? não está mais no trono?

O CORÍNTIO – Não, a morte o encerra no túmulo.

JOCASTA – Que dizes? Políbo estaria morto?

O CORÍNTIO – Que eu mesmo morra se não digo a verdade!

JOCASTA – Escravo, vai depressa levar a notícia ao senhor. Ah! oráculos divinos, onde estais agora? Eis um homem que Édipo evitava há anos, no terror de um dia poder matá-lo, e esse homem morre hoje golpeado pelo destino, não por Édipo!

Édipo sai do palácio.

ÉDIPO – Ó caríssima mulher, Jocasta que eu amo, por que me mandaste chamar no palácio?

JOCASTA – Escuta o homem que aí está, e vê, escutando-o, em que se transformaram os augustos oráculos de um deus.

ÉDIPO – Quem é esse homem? e o que tem a me dizer?

JOCASTA – Ele vem de Corinto e te faz saber que Políbo não mais existe: a morte levou teu pai.

ÉDIPO – Que dizes, estrangeiro? Explica-te tu mesmo.

O CORÍNTIO – Se devo em primeiro lugar dar-te uma informação exata, saibas que de fato Políbo morreu.

ÉDIPO – Vítima de um complô ou de uma doença?

O CORÍNTIO – O menor abalo é suficiente para derrubar um ancião.

ÉDIPO – Se te entendo, foi então morte por doença?

O CORÍNTIO – E também pelos longos anos que ele viveu.

ÉDIPO – Ah! mulher, quem poderia doravante recorrer a Delfos, à morada profética? ou a essas aves que gritam sobre nossas cabeças? Segundo elas, eu devia assassinar meu pai: e eis meu pai morto, sepultado no fundo de um túmulo, antes que minha mão tenha tocado numa lança!... a menos que ele tenha morrido de pesar por não mais me ver. É só nesse sentido que eu teria causado sua morte. – O fato certo é que nesta hora Políbo está nos Infernos com toda essa bagagem de oráculos sem valor.

JOCASTA – Não era o que eu te dizia há tanto tempo?

ÉDIPO – Seguramente, mas o medo me desgarrava.

JOCASTA – Então tira essas ideias da cabeça.

ÉDIPO – Mas como não temer ainda o leito de minha mãe?

JOCASTA – O que teria a temer um mortal, joguete do destino, que nada pode prever com certeza? Viver ao acaso, como se pode, é de longe ainda o melhor. Não temas o himeneu com uma mãe: muitos mortais já partilharam em sonho o leito materno. Quem dá menos importância a tais coisas é também quem mais facilmente suporta a vida.

ÉDIPO – Tudo isso seria muito bom se minha mãe não estivesse viva. Mas enquanto ela viver, e por mais que fales, e fales bem, fatalmente devo ter receio.

JOCASTA – É um imenso alívio, porém, saber teu pai no túmulo.

ÉDIPO – Imenso, eu o sinto. Mas a viva continua a me causar medo.

O CORÍNTIO – Mas quem é, dize-me, a mulher que te causa tal pavor?

ÉDIPO – É Mérope, ancião, a esposa de Políbo.

O CORÍNTIO – E de onde provém o medo que ela te inspira?

ÉDIPO – De um terrível oráculo dos deuses, estrangeiro.

O CORÍNTIO – Podes dizê-lo? ou ele deve permanecer secreto?

ÉDIPO – De modo nenhum. Apolo declarou-me outrora que eu haveria de entrar no leito de minha mãe e derramar com minhas mãos o sangue de meu pai. Por isso há muito me afastei de Corinto – para a minha felicidade, certamente, embora seja doce ver os olhos dos pais.

O CORÍNTIO – E é apenas esse temor que te mantinha longe de tua cidade?

ÉDIPO – Eu não queria ser parricida, ancião.

O CORÍNTIO – Por que não te livrei disso antes, rei, já que venho aqui disposto a te ser útil?

ÉDIPO – Se o fizeres, prometo que terás a recompensa que mereces.

O CORÍNTIO – Essa é justamente a razão

por que vim, para que teu retorno ao país me proporcione alguma vantagem.

ÉDIPO – Não, não esperes que algum dia eu volte à casa de meus pais.

O CORÍNTIO – Ah! bem se vê, meu filho, que não sabes qual é teu erro!

ÉDIPO – Que dizes, ancião? Em nome dos deuses, esclarece-me.

O CORÍNTIO – Se são essas tuas razões para renunciar a teu retorno...

ÉDIPO – Tenho muito medo que Apolo se revele verídico.

O CORÍNTIO – Temes uma impureza junto a teus pais?

ÉDIPO – É exatamente isso, ancião, o que me atormenta.

O CORÍNTIO – Então saibas que temes sem razão.

ÉDIPO – Como sem razão, se nasci deles?

O CORÍNTIO – Saibas que Pólibo não é nada para ti pelo sangue.

ÉDIPO – O quê?! não foi Políbo que me engendrou?

O CORÍNTIO – Pólibo não te engendrou como tampouco eu.

ÉDIPO – Qual a relação entre um pai e tu, que não és nada para mim?

O CORÍNTIO – Assim como eu, ele jamais foi teu pai.

ÉDIPO – Mas então por que ele me chamava seu filho?

O CORÍNTIO – É que ele havia te recebido como uma dádiva de minhas mãos.

ÉDIPO – E para o filho de um outro ele teve essa ternura?

O CORÍNTIO – Até então ele não conseguira ter filhos.

ÉDIPO – E tu, compraste-me de alguém ou me encontraste?

O CORÍNTIO – Sim, te encontrei num vale do Citéron arborizado.

ÉDIPO – Por que viajavas nessa região?

O CORÍNTIO – Eu guardava rebanhos transumantes.

ÉDIPO – Ah! eras pastor nômade, assalariado...

O CORÍNTIO – Mas que te salvou a vida, meu filho, naquela ocasião!

ÉDIPO – Mas qual era meu mal, quando me recolheste em tal penúria?

O CORÍNTIO – Teus pés certamente poderiam testemunhá-lo ainda.

ÉDIPO – Ah! por que recordar minha antiga miséria?

O CORÍNTIO – Fui eu quem libertou teus dois pés perfurados.

ÉDIPO – Deuses! que estranha vergonha junto a meu berço!

O CORÍNTIO – Deves teu nome a essa aventura.

ÉDIPO – Mas quem fez isso? Meu pai? Minha mãe? Pelo deuses, diz!

O CORÍNTIO – Não sei; mas quem te pôs em minhas mãos sabe melhor que eu.

ÉDIPO – Então não foste tu quem me encontrou? Tu me recebeste de um outro?

O CORÍNTIO – Sim, um outro pastor te entregou a mim.

ÉDIPO – Quem é ele? Podes designá-lo claramente?

O CORÍNTIO – Era um homem de Laio, sem dúvida nenhuma.

ÉDIPO – Do príncipe que reinava outrora neste país?

O CORÍNTIO – Perfeitamente, era um pastor desse rei.

ÉDIPO – Ele ainda vive, para que eu possa vê-lo?

O CORÍNTIO – O povo de teu país saberá melhor que eu.

ÉDIPO (*ao coro*) – Há entre vós alguém que saiba qual é o pastor de que fala este homem, se ele habita nos campos, se foi visto aqui? Falai francamente: chegou a hora de descobrir enfim a verdade.

O CORIFEU – Creio que não é outro senão o pastor retirado no campo que desejavas ver. Mas Jocasta aí está: ninguém poderia nos esclarecer melhor do que ela.

ÉDIPO – Tu sabes, mulher: o homem que há pouco desejávamos ver e este de quem ele fala...

JOCASTA – Não importa de quem ele fala! Não dês atenção a isso. De tudo o que te foi dito não guardes sequer a lembrança. Esquece!

ÉDIPO – Impossível. Já obtive demasiados indícios para renunciar agora a esclarecer minha origem.

JOCASTA – Não, pelos deuses! Se tens apego à vida, não penses mais nisso. É o bastante que eu sofra.

ÉDIPO – Nada tens a temer. Mesmo se eu me revelasse filho e neto de escravos, tu não serias plebeia por isso.

JOCASTA – Para, eu te suplico, acredita em mim.

ÉDIPO – Não te acreditarei, quero saber a verdade.

JOCASTA – Sei o que digo. Meu conselho é bom.

ÉDIPO – Teus bons conselhos acabam por me exasperar!

JOCASTA – Ah! que jamais possas saber quem és!

ÉDIPO – Quando é que me trarão enfim esse pastor?! Deixemo-la orgulhar-se de sua rica linhagem.

JOCASTA – Desgraçado! desgraçado! Sim, é o único nome com que posso te chamar. Jamais ouvirás um outro de minha boca.

Ela entra de volta no palácio, transtornada.

O CORIFEU – Por que ela sai assim, Édipo? Dir-se-ia que foi tomada por uma dor atroz. Temo que após tal silêncio sobrevenha uma grande desgraça.

ÉDIPO – Que sobrevenham todas as desgraças que quiserem! Mas minha origem, por mais humilde que seja, quero conhecê-la. Em seu orgulho de mulher, ela certamente se envergonha de minha obscuridade: mas eu me considero filho da Fortuna, Fortuna a Generosa, e não sinto vergonha alguma. Fortuna é que foi minha mãe, e os anos que acompanharam minha vida fizeram-me sucessivamente pequeno e grande. Eis aí minha origem, nada pode mudá-la: por que eu renunciaria a saber de quem nasci?

O coro cerca Édipo e procura distraí-lo de sua angústia.

Contido.

O CORO – *Se sou bom profeta, se minhas luzes me revelam a verdade, sim, pelo Olimpo, juro que amanhã, na lua cheia, te ouvirás glorificar como sendo, ó Citéron, o compatriota de Édipo,*

seu protetor, seu pai; e nossos coros celebrar-te-ão pelos favores que fizeste a nossos reis. E possas também, Apolo, tu que invocamos com gritos agudos, receber esses cantos com agrado!

Quem então te trouxe ao mundo, criança? Entre as Ninfas de longos dias, qual delas amou e deu um filho a Pã, o deus que corre pelos montes? Ou seria uma amante de Apolo? Ele gosta de frequentar os planaltos selvagens.

Quem sabe o senhor do Cileno? Ou então o divino Baco, o habitante dos altos cumes, que te teria recebido como filho das mãos de uma das Ninfas com as quais seguidamente se diverte sobre o Hélicon?*

Entram pela esquerda dois escravos conduzindo um velho pastor.

ÉDIPO – Por quanto posso aqui supor, sem tê-lo visto antes, esse pastor, anciãos, parece-me ser aquele que estou aguardando. Sua idade avançada combina com a deste homem. Aliás, reconheço nos que o conduzem servidores meus. Mas por certo saberás julgar melhor que eu, já que tu mesmo o viste outrora.

O CORIFEU – Sim, de fato, eu o reconheço. Era um homem de Laio, tido por um pastor fiel entre todos.

ÉDIPO – É a ti primeiro que me dirijo, a ti, coríntio. É esse o homem de quem falas?

---

* Montanha consagrada a Zeus. (N.T.)

O CORÍNTIO – Esse mesmo; tu o tens diante de ti.

ÉDIPO – É tua vez, ancião! Aproxima-te e, olhando-me bem nos olhos, responde a minhas perguntas. Pertencias a Laio?

O SERVIDOR – Sim, escravo não comprado, mas nascido no palácio do rei.

ÉDIPO – Qual era tua tarefa? Que espécie de vida levavas?

O SERVIDOR – Na maior parte do tempo conduzia a pastar os rebanhos.

ÉDIPO – E a que regiões geralmente costumavas ir?

O SERVIDOR – À região do Citéron, ou às regiões vizinhas.

ÉDIPO – E te recordas de lá ter conhecido este homem?

O SERVIDOR – Mas que fazia ele? De quem falas?

ÉDIPO – Deste que aí está. Tu o conheceste?

O SERVIDOR – Não o suficiente para que minha memória possa responder tão depressa.

O CORÍNTIO – Não é surpreendente, senhor. Mas, já que ele não me reconhece, despertarei suas lembranças. Estou bem certo de que ele se lembra do tempo em que, no Citéron, ele com dois rebanhos e eu com um, vivemos lado a lado, por três temporadas, durante seis meses, do início da primavera até o despontar do Arcturo.* Ao chegar o inverno, trazíamos de volta nossos animais, eu ao meu aprisco, ele aos estábulos de seu senhor. Digo a verdade, sim ou não?

O SERVIDOR – É verdade. Mas são coisas muito antigas.

O CORÍNTIO – E agora, dize-me: lembras-te, naquele tempo, de teres me entregue uma criança, a fim de que eu a criasse como se fosse minha?

O SERVIDOR – Que dizes? Onde queres chegar?

O CORÍNTIO – Ei-lo, meu amigo, essa criança de outrora!

---

* Estrela da constelação do Boieiro, que aparece no começo do outono. (N.T.)

O SERVIDOR (*erguendo seu bastão)* – Maldito! Por que não te calas?

ÉDIPO – Vê lá como falas, ancião! São tuas palavras que merecem castigo, muito mais que as dele.

O SERVIDOR – Mas que fiz de errado, ó melhor dos mestres?

ÉDIPO – Não respondeste sobre a criança de quem ele fala.

O SERVIDOR – Ele fala sem saber, ele se agita por nada.

ÉDIPO – Se não quiseres falar por bem, falarás à força e haverás de te arrepender.

O SERVIDOR – Oh, suplico-te, pelos deuses, não maltrates um ancião!

ÉDIPO – Depressa, amarrem-lhe as mãos nas costas!

O SERVIDOR – Ai de mim! mas por que tu queres saber?

ÉDIPO – Tu é que entregaste a criança de quem ele fala?

O SERVIDOR – Fui eu. Quem dera tivesse morrido naquele mesmo dia!

ÉDIPO – Recusa-te a falar, e é isso o que te espera.

O SERVIDOR – Se eu falar, minha morte será ainda mais certa.

ÉDIPO – Esse homem parece-me querer ganhar tempo.

O SERVIDOR – Não, eu já disse: fui eu que o entreguei.

ÉDIPO – De quem era essa criança? tua ou de um outro?

O SERVIDOR – Não era minha. Era de um outro.

ÉDIPO – De quem? de que lar de Tebas ela saía?

O SERVIDOR – Não, mestre, em nome dos deuses, não perguntes mais!

ÉDIPO – Morrerás, se eu tiver que repetir minha pergunta.

O SERVIDOR – Ela nascera na casa de Laio.

ÉDIPO – Escrava?... Ou parente do rei?

O SERVIDOR – Ai de mim! chego ao mais cruel de dizer.

ÉDIPO – E, para mim, de ouvir. No entanto, ouvirei.

O SERVIDOR – Diziam ser filho do rei... Mas tua mulher, no palácio, pode te dizer isso melhor do que ninguém.

ÉDIPO – Foi ela quem te entregou a criança?

O SERVIDOR – Foi ela, senhor.

ÉDIPO – Com que intenção?

O SERVIDOR – Para que eu a matasse.

ÉDIPO – Uma mãe!... Mulher desgraçada!

O SERVIDOR – Ela tinha medo de um oráculo dos deuses.

ÉDIPO – O que ele anunciava?

O SERVIDOR – Que essa criança um dia mataria seus pais.

ÉDIPO – Mas por que tu a entregaste a este homem?

O SERVIDOR – Tive piedade dela, mestre. Acreditei que ele a levaria ao país de onde vinha. Ele te salvou a vida, mas para os piores males! Se és realmente aquele de quem ele fala, saibas que nasceste marcado pela infelicidade.

ÉDIPO – Oh! Ai de mim! então no final tudo seria verdade! Ah! luz do dia, que eu te veja aqui pela última vez, já que hoje me revelo o filho de quem não devia nascer, o esposo de quem não devia ser, o assassino de quem não devia matar!

Ele corre para dentro do palácio.

Moderado.

O CORO – *Pobres gerações humanas, não vejo em vós senão um nada!*

Qual o homem, qual o homem que obtém mais felicidade do que parecer feliz, para depois, dada essa aparência, desaparecer do horizonte?

Tendo teu destino como exemplo, teu destino, ó desditado Édipo, não posso mais julgar feliz quem quer que seja entre os homens.

Ele visou o mais alto. Tornou-se senhor de uma fortuna e de uma felicidade completas.

Destruiu, ó Zeus, a esfinge das garras aguçadas. Ergueu-se em nossa cidade como um baluarte contra a morte.

E foi assim, Édipo, que foste proclamado nosso rei, que recebeste as mais altas honrarias, que reinaste sobre a poderosa Tebas.

Mais forte.

E quem agora poderia ser dito mais infeliz do que tu? Quem sofreu desastres, misérias mais atrozes, numa tal reviravolta?

Ah! nobre e caro Édipo! Assim o leito nupcial viu o filho após o pai entrar no mesmo porto terrível!

Como pôde, como pôde o campo lavrado por teu pai te suportar por tanto tempo, sem revolta, ó desgraçado?

O tempo, que tudo vê, o descobriu a despeito de ti. Ele condena o himeneu, que nada tem de um himeneu, de onde nasciam ao mesmo tempo e por tantos dias um pai e filhos.

Ah! filho de Laio! quisera jamais, jamais ter-te conhecido! Estou desolado, e gritos enlouquecidos

escapam de minha boca. Cumpre dizer a

verdade: por ti, outrora, recuperei a vida, e por ti, hoje, fecho os olhos para sempre!

Um escravo sai do palácio.

O MENSAGEIRO – Ó vós que este país sempre tem honrado, que haveis ainda de ver e ouvir? Que canto de luto ireis ouvir se, fiéis a vosso sangue, vos interessais ainda pela casa dos labdácidas? Nem o Íster nem o Fásis* seriam capazes de lavar as manchas que esse palácio oculta, e das quais logo irá revelar uma parte – manchas premeditadas, não involuntárias; mas, entre as infelicidades, as mais aflitivas não são justamente as que nasceram de uma livre escolha?

O CORIFEU – O que sabíamos já nos dá muito o que chorar: que vens acrescentar ainda?

O MENSAGEIRO – Uma palavra basta, tão curta de ouvir quanto de entender: nossa nobre Jocasta está morta.

O CORIFEU – Pobre infeliz! E quem causou sua morte?

---

* Atualmente, o Danúbio e o Rion, rios situados a oeste e a leste do mar Negro. (N.T.)

O MENSAGEIRO – Ela mesma. Mas o mais doloroso de tudo te escapa: ao menos terás sido poupado do que vi. Apesar de tudo, na medida em que minha memória o permita, saberás o que sofreu a infortunada. Assim que transpôs o vestíbulo, furiosa, ela corre em direção ao leito nupcial, arrancando-se os cabelos com as duas mãos. Entra e violentamente fecha a porta atrás de si. Então chama o nome de Laio, morto há tantos anos; evoca "o filho que outrora ele lhe deu e por quem ele próprio pereceu, para deixar a mãe, por sua vez, dar a seus próprios filhos uma sinistra descendência". Ela geme sobre o leito "onde, miserável, gerou um esposo de seu esposo e filhos de seu filho"! Ignoro como ela morreu em seguida, pois nesse momento Édipo, urrando, surge no meio de nós, impedindo-nos de assistir ao fim dela: então só tivemos olhos para ele. Ele vai de um lado a outro, em volta do nosso grupo, suplicando que lhe deem uma arma, perguntando-nos onde poderá encontrar "a esposa que não é sua esposa, mas que foi um ventre materno para ele e para seus filhos". Nesse momento um deus certamente dirige seu furor, pois não foi nenhum dos que o cercavam comigo. Subitamente, ele lança um grito terrível e se precipita, como que conduzido por um guia, sobre os dois batentes da porta, faz saltar o ferrolho da fechadura, e corre para o meio da peça... A mulher está enforcada! Está ali, diante de nós, estrangulada pela corda que oscila do teto... Ao ver esse espetáculo, o infeliz emite um gemido terrível. Ele desamarra a corda, e o pobre corpo cai no chão... O que se viu então foi um espetáculo atroz. Arrancando os colchetes de ouro que ornavam as vestes da rainha, ele os ergue no ar e os enterra nos próprios olhos. "Assim eles não mais verão, disse ele, o mal que sofri, nem o que causei; assim as trevas doravante os impedirão de ver aqueles que eu não deveria ter visto, e de ignorar aqueles que, apesar de tudo, eu gostaria de ter conhecido!" Clamando essas palavras, sem descanso, com os braços erguidos, ele feria seus olhos, e o sangue corria das órbitas sobre sua barba. Não era um corrimento de gotas vermelhas, mas um jorro de sangue escuro que inundava sua face!... O desastre aconteceu, não apenas por culpa dele, mas por culpa dos dois ao mesmo tempo: é o desastre comum da mulher e do homem. A felicidade deles era, ainda ontem, uma felicidade no sentido verdadeiro da palavra: hoje, ao contrário, soluços, desastre, morte e ignomínia, toda tristeza que tenha um nome aqui comparece doravante; nem uma que falte ao chamado!

O CORIFEU – E, neste momento, o miserável encontra alguma pausa em seu sofrimento?

O MENSAGEIRO – Ele pede em grandes gritos "que abram as portas e façam ver a todos os tebanos aquele que matou seu pai e fez de sua mãe..." – suas palavras são por demais ignóbeis para que eu as repita. Ele fala "como homem disposto a se exilar do país, que nele não pode mais permanecer, pois é vítima de sua própria imprecação". Entretanto, tem necessidade de um apoio estrangeiro, tem necessidade de um guia. O golpe que o atingiu é duro demais de suportar. Tu mesmo irás julgar. Acabam de abrir o ferrolho de sua porta. Verás um espetáculo que causaria dó até mesmo num inimigo.

Édipo aparece, com a face ensanguentada, tateando em busca de seu caminho.

Melodrama.

O CORIFEU – Ó desgraça terrível de ver para os mortais – sim, a mais terrível que jamais cruzou por meu caminho! Que demência, infortunado, se abateu sobre ti? Que demônio deu um salto mais poderoso que nunca sobre tua triste fortuna?

Ah, desgraçado! não posso te olhar na face. E gostaria tanto de interrogar, te perguntar, te examinar... Mas me inspiras demasiado pavor!

ÉDIPO – Ai de mim, infeliz que sou! Para onde me levam meus passos? Para onde voa minha voz, perdendo-se no ar? Meu destino, onde foste te precipitar?

O CORIFEU – Num desastre, oh! tão terrível de ver quanto de ouvir.

Agitado.

ÉDIPO – Ah! nuvem de trevas! nuvem abominável que te estendes sobre mim, imensa, irresistível, esmagadora!

Ah! como sinto penetrar em mim o aguilhão de minhas feridas e a lembrança de meus males!

O CORIFEU – Por certo ninguém se surpreenderá que no meio de tais provações seja duplo o teu pesar, duplo o teu sofrer.

ÉDIPO – Ah! meu amigo, então permaneces, somente tu, ainda a meu lado? Consentes ainda cuidar de um cego?

Não, não é um logro: do fundo de minhas trevas, muito nitidamente, reconheço tua voz.

O CORIFEU – Oh! que fizeste? Como pudeste destruir teus olhos? Que deus impeliu teu braço?

ÉDIPO – Apolo, meus amigos! sim, é Apolo que me inflige nesta hora as desgraças atrozes que são doravante meu quinhão. Mas nenhuma outra mão me golpeou senão a minha.

Que podia eu ainda ver, cuja visão tivesse uma doçura para mim?

O CORO – *Oh! isso é bem verdade!*

ÉDIPO – Sim, o que eu podia ver que me satisfizesse? Há um apelo ainda que eu possa ouvir com alegria?

Ah! levai-me depressa para longe daqui! levai, meus amigos, o execrável flagelo, o maldito entre os malditos, o homem que entre os homens é o mais abominado pelos deuses!

O CORIFEU – Tua alma te tortura tanto quanto tua desgraça. Quem dera jamais tivesses sabido de nada!

ÉDIPO – Ah! seja quem for, maldito o homem que, sobre a erva de uma pastagem, tirou o entrave de meus pés, me salvou da morte, me devolveu à vida! Ele nada fez que pudesse me servir.

Se eu tivesse morrido naquele momento, nem para mim nem para os meus teria me tornado o terrível desgosto que hoje sou.

O CORO – *Também quisera que fosse assim.*

ÉDIPO – Não teria sido o assassino de meu pai nem aos olhos de todos os mortais o esposo daquela que me deu à luz;

ao passo que, nesta hora, sou um sacrílego, filho de pais ímpios e tendo ele próprio gerado filhos da mãe da qual nasceu! Se existe uma infelicidade maior que toda infelicidade, esse é o quinhão de Édipo!

O CORIFEU – Realmente não sei como justificar tua resolução. Mais valia para ti não viver que viver cego para sempre.

ÉDIPO – Ah! não me digas que o que fiz não era o melhor a ser feito! Poupa-me lições e conselhos!... E com que olhos, descido aos Infernos, eu teria podido, se visse, olhar meu pai e minha pobre mãe, quando cometi contra ambos crimes mais atrozes que os punidos com a forca? Será que a visão de meus filhos me teria podido ser agradável – filhos nascidos como estes nasceram? Ao menos meus olhos não tornarão a vê-los, como tampouco esta cidade, suas muralhas, as imagens sagradas de nossos deuses, das quais eu próprio me excluí, infortunado, eu, o mais glorioso dos filhos de Tebas, no dia em que dei a ordem formal de banir o sacrílego, aquele que os deuses revelaram impuro, o filho de Laio! Após ter assim denunciado minha própria mácula, poderia ver tudo isso sem baixar os olhos? Não, não! E, se me fosse possível deter também a corrente de sons nos meus ouvidos, nada me impediria então de aferrolhar meu pobre corpo, tornando-o cego e surdo ao mesmo tempo. É tão doce à alma viver fora de seus males!... Ah! Citéron, por que me recolheste? Por que não me mataste ali mesmo? Assim não teria revelado aos humanos de quem saí... Ó Políbo, ó Corinto, e tu, palácio antigo, tu que diziam ser o palácio de meu pai: sob tuas belas edificações, que cancro maléfico fazias crescer em mim! Revelo-me hoje o que sou de fato: um criminoso, saído de criminosos... Ó duplo caminho! vale oculto! bosque de carvalhos! ó estreita encruzilhada onde se juntam duas estradas! vós que bebestes o sangue de meu pai derramado por minhas mãos, esquecereis os crimes que consumei sob vossos olhos, e os que mais tarde cometi aqui? Himeneu, himeneu a quem devo a luz, que, após ter-me gerado, fizeste brotar de novo a mesma semente, para assim mostrar ao mundo pais, irmãos, filhos, todos do mesmo sangue! e esposas que são mulheres e mães ao mesmo tempo – as piores vergonhas dos mortais... Não, não! Há coisas que não são menos vergonhosas de evocar que de fazer. Depressa, em nome dos deuses, ocultai-me em alguma parte, longe daqui; matai-me, ou lançai-me ao mar, num lugar onde nunca mais me vejais... Vinde, não temais tocar um infeliz. Acreditai-me, não recairão sobre nenhum outro mortal os males que são meus.

O CORIFEU – Para responder a teus pedidos, eis que Creonte chega. Cabe a ele agir e te aconselhar, pois ele é quem zela agora por nosso país em teu lugar.

Entra Creonte.

ÉDIPO – Oh! que devo lhe dizer? Que confiança ainda posso lhe inspirar? Não me mostrei há pouco em tudo cruel em relação a ele?

CREONTE – Não venho aqui para zombar de ti, Édipo; menos ainda para te reprovar pelos insultos que me fizeste. Mas vós, se não tendes mais respeito pela raça dos humanos, respeitai ao menos o fogo que alimenta este mundo; envergonhai-vos de expor sem véu a seus raios um ser assim manchado, que nem a terra, nem a água santa, nem a luz do dia poderiam admitir. Ide, levai-o de volta o mais depressa à sua casa. É somente aos parentes que a piedade deixa o cuidado de ver e escutar parentes no infortúnio.

ÉDIPO – Em nome dos deuses, já que me tiraste o temor e vieste, tu, o melhor dos homens, até o mais vil de todos, escuta-me. Quero te falar em teu interesse, não no meu.

CREONTE – E o que tanto esperas assim de mim?

ÉDIPO – Expulsa-me deste país, e sem demora, para um lugar onde ninguém mais me dirija a palavra.

CREONTE – Eu o teria feito, asseguro-te, se não quisesse primeiro saber com o deus qual é meu dever.

ÉDIPO – Mas o deus já publicou sua sentença: para o assassino, para o ímpio que sou, é a morte.

CREONTE – São de fato suas palavras; mas, na aflição em que nos encontramos, mais vale estarmos certos do que é nosso dever.

ÉDIPO – O quê! para um desgraçado ireis consultar o deus outra vez?

CREONTE – É justamente para que creias nele desta vez.

ÉDIPO – Eu creio nele; e, de minha parte, faço-te meus últimos pedidos. À que está lá dentro, no palácio, faz os funerais que desejares: a ti compete assistir os teus. Mas para mim, enquanto eu viver, que esta cidade, que a cidade de meus pais jamais me dê abrigo! Deixa-me antes habitar as montanhas, o Citéron a que me diziam destinado. Meu pai e minha mãe, quando vivos, o haviam designado para ser meu túmulo: assim morrerei como eles queriam que eu morresse. E, no entanto, sei que nem a doença nem nada mais neste mundo pode me destruir: não foi para uma infelicidade terrível que fui salvo na hora de morrer? Não importa: que meu destino siga seu caminho! Mas tenho meus filhos... Com os rapazes, Creonte, não te preocupes. Eles são homens: onde estiverem, o pão não lhes faltará. Mas minhas pobres e lastimáveis filhas, que sempre ornavam a mesa onde eu comia, e sempre tinham sua parte dos pratos que eu saboreava, por elas suplico teus cuidados... E, sobretudo, deixa-me apalpá-las com minhas mãos, mesmo chorando sobre nossas misérias. Ah! nobre e generoso príncipe, se minhas mãos pudessem ao menos tocá-las, eu acreditaria ainda tê-las comigo, como no tempo em que as via... Mas que digo? Ó deuses! não ouço aqui minhas duas filhas que choram? Creonte, compadecido, teria me enviado o que mais adoro, minhas duas filhas? Será verdade?

Antígona e Ismene saem do gineceu, conduzidas por um escravo.

CREONTE – Sim, fui eu que te preparei essa alegria, sabendo que teu pensamento estaria obcecado por isso.

ÉDIPO – A felicidade esteja contigo! E, para te retribuir por essa vinda, possa um deus te proteger, e mais favoravelmente que a mim! – Ó minhas filhas, onde estais? Vinde, vinde até essas mãos fraternas, que encheram de trevas esses olhos outrora cheios de luz do pai de que nascestes! Esse pai, minhas filhas, que, sem nada ter visto, nada ter sabido, de repente se revelou como tendo vos engendrado no seio onde ele mesmo havia sido formado!... Sobre vós também eu choro – já que não posso mais vos ver –, choro quando penso no quanto será amarga vossa vida e no que vos farão as gentes. A que assembleias de vossa cidade, a que festas podereis ir, sem logo abandonar o espetáculo e retornar à vossa casa em lágrimas? E, ao chegar a hora do casamento, quem quererá, quem ousará se encarregar de todos esses opróbrios feitos para arruinar vossa existência, como fizeram para meus próprios pais? Há um crime pior do que este? Vosso pai matou seu pai; fecundou o ventre de onde ele próprio havia saído e vos teve desse mesmo do qual já se originara: eis as infâmias que vos imputarão! Sendo assim, quem vos desposará? Ninguém, ó minhas filhas, e sereis forçadas a vos consumir na esterilidade e na solidão... Ó filho de Meneceu, já que só tu restas para servir-lhes de pai – nós, seu pai e sua mãe, estamos ambos mortos –, não deixes filhas de teu sangue ficar sem esposo, mendigando seu pão. Não lhes cause infelicidade igual à minha. Compadece-te delas, vendo-as tão jovens, abandonadas por todos se não intervieres. Dá-me tua palavra, príncipe generoso, tocando-me com a mão... *(Creonte lhe dá a mão.)* Ah, quantos conselhos, minhas filhas, se tivésseis idade para compreender, eu teria ainda a vos dar! Por ora, acreditai-me, pedi apenas aos deuses, onde quer que o destino vos permita viver, para terdes uma vida melhor que a do pai do qual nascestes.

CREONTE – Já te lamentaste o bastante, retorna à tua casa.

ÉDIPO – Só posso obedecer, mesmo se isso me custa.

CREONTE – O que precisa ser feito sempre é bem feito.

ÉDIPO – Mas há uma condição para que eu vá.

CREONTE – Dize-a, e saberei.

ÉDIPO – Faz com que me levem para fora do país.

CREONTE – A resposta pertence ao deus.

ÉDIPO – Mas tenho horror aos deuses doravante.

CREONTE – Pois bem, então terás certamente o que queres.

ÉDIPO – Dizes a verdade?

CREONTE – Não tenho o hábito de falar contra meu pensamento.

ÉDIPO – Leva-me então agora.

CREONTE – Vem, e deixa tuas filhas.

ÉDIPO – Não, elas não! Não as tires de mim!

CREONTE – Não queiras triunfar sempre! Teus triunfos não acompanharam tua vida.

As meninas são levadas ao gineceu, enquanto Édipo é conduzido até a grande porta do palácio.

O CORIFEU – Olhai, habitantes de Tebas, minha pátria. Vede Édipo, esse decifrador de enigmas famosos, que se tornou o primeiro dos humanos. Ninguém em sua cidade podia contemplar seu destino sem inveja. Hoje, em que terrível mar de miséria ele se precipitou! É portanto esse último dia que um mortal deve sempre considerar. Guardemo-nos de chamar um homem feliz, antes que ele tenha transposto o termo de sua vida sem ter conhecido a tristeza.

Coleção **L&PM** POCKET

1100.**Hamlet (Mangá)** – Shakespeare
1101.**A arte da guerra (Mangá)** – Sun Tzu
1104.**As melhores histórias da Bíblia (vol.1)** – A. S. Franchini e Carmen Seganfredo
1105.**As melhores histórias da Bíblia (vol.2)** – A. S. Franchini e Carmen Seganfredo
1106.**Psicologia das massas e análise do eu** – Freud
1107.**Guerra Civil Espanhola** – Helen Graham
1108.**A autoestrada do sul e outras histórias** – Julio Cortázar
1109.**O mistério dos sete relógios** – Agatha Christie
1110.**Peanuts: Ninguém gosta de mim... (amor)** – Charles Schulz
1111.**Cadê o bolo?** – Mauricio de Sousa
1112.**O filósofo ignorante** – Voltaire
1113.**Totem e tabu** – Freud
1114.**Filosofia pré-socrática** – Catherine Osborne
1115.**Desejo de status** – Alain de Botton
1118.**Passageiro para Frankfurt** – Agatha Christie
1120.**Kill All Enemies** – Melvin Burgess
1121.**A morte da sra. McGinty** – Agatha Christie
1122.**Revolução Russa** – S. A. Smith
1123.**Até você, Capitu?** – Dalton Trevisan
1124.**O grande Gatsby (Mangá)** – F. S. Fitzgerald
1125.**Assim falou Zaratustra (Mangá)** – Nietzsche
1126. **Peanuts: É para isso que servem os amigos (amizade)** – Charles Schulz
1127(27).**Nietzsche** – Dorian Astor
1128.**Bidu: Hora do banho** – Mauricio de Sousa
1129.**O melhor do Macanudo Taurino** – Santiago
1130.**Radicci 30 anos** – Iotti
1131.**Show de sabores** – J.A. Pinheiro Machado
1132.**O prazer das palavras** – vol. 3 – Cláudio Moreno
1133.**Morte na praia** – Agatha Christie
1134.**O fardo** – Agatha Christie
1135.**Manifesto do Partido Comunista (Mangá)** – Marx & Engels
1136.**A metamorfose (Mangá)** – Franz Kafka
1137.**Por que você não se casou... ainda** – Tracy McMillan
1138.**Textos autobiográficos** – Bukowski
1139.**A importância de ser prudente** – Oscar Wilde
1140.**Sobre a vontade na natureza** – Arthur Schopenhauer
1141.**Dilbert (8)** – Scott Adams
1142.**Entre dois amores** – Agatha Christie
1143.**Cipreste triste** – Agatha Christie
1144.**Alguém viu uma assombração?** – Mauricio de Sousa
1145.**Mandela** – Elleke Boehmer
1146.**Retrato do artista quando jovem** – James Joyce
1147.**Zadig ou o destino** – Voltaire
1148.**O contrato social (Mangá)** – J.-J. Rousseau
1149.**Garfield fenomenal** – Jim Davis
1150.**A queda da América** – Allen Ginsberg
1151.**Música na noite & outros ensaios** – Aldous Huxley
1152.**Poesias inéditas & Poemas dramáticos** – Fernando Pessoa
1153.**Peanuts: Felicidade é...** – Charles M. Schulz
1154.**Mate-me por favor** – Legs McNeil e Gillian McCain
1155.**Assassinato no Expresso Oriente** – Agatha Christie
1156.**Um punhado de centeio** – Agatha Christie
1157.**A interpretação dos sonhos (Mangá)** – Freud
1158.**Peanuts: Você não entende o sentido da vida** – Charles M. Schulz
1159.**A dinastia Rothschild** – Herbert R. Lottman
1160.**A Mansão Hollow** – Agatha Christie
1161.**Nas montanhas da loucura** – H.P. Lovecraft
1162(28).**Napoleão Bonaparte** – Pascale Fautrier
1163.**Um corpo na biblioteca** – Agatha Christie
1164.**Inovação** – Mark Dodgson e David Gann
1165.**O que toda mulher deve saber sobre os homens: a afetividade masculina** – Walter Riso
1166.**O amor está no ar** – Mauricio de Sousa
1167.**Testemunha de acusação & outras histórias** – Agatha Christie
1168.**Etiqueta de bolso** – Celia Ribeiro
1169.**Poesia reunida (volume 3)** – Affonso Romano de Sant'Anna
1170.**Emma** – Jane Austen
1171.**Que seja em segredo** – Ana Miranda
1172.**Garfield sem apetite** – Jim Davis
1173.**Garfield: Foi mal...** – Jim Davis
1174.**Os irmãos Karamázov (Mangá)** – Dostoiévski
1175.**O Pequeno Príncipe** – Antoine de Saint-Exupéry
1176.**Peanuts: Ninguém mais tem o espírito aventureiro** – Charles M. Schulz
1177.**Assim falou Zaratustra** – Nietzsche
1178.**Morte no Nilo** – Agatha Christie
1179.**Ê, soneca boa** – Mauricio de Sousa
1180.**Garfield a todo o vapor** – Jim Davis
1181.**Em busca do tempo perdido (Mangá)** – Proust
1182.**Cai o pano: o último caso de Poirot** – Agatha Christie
1183.**Livro para colorir e relaxar** – Livro 1
1184.**Para colorir sem parar**
1185.**Os elefantes não esquecem** – Agatha Christie
1186.**Teoria da relatividade** – Albert Einstein
1187.**Compêndio da psicanálise** – Freud
1188.**Visões de Gerard** – Jack Kerouac
1189.**Fim de verão** – Mohiro Kitoh
1190.**Procurando diversão** – Mauricio de Sousa
1191.**E não sobrou nenhum e outras peças** – Agatha Christie
1192.**Ansiedade** – Daniel Freeman & Jason Freeman
1193.**Garfield: pausa para o almoço** – Jim Davis
1194.**Contos do dia e da noite** – Guy de Maupassant
1195.**O melhor de Hagar 7** – Dik Browne
1196(29).**Lou Andreas-Salomé** – Dorian Astor
1197(30).**Pasolini** – René de Ceccatty

1198.**O caso do Hotel Bertram** – Agatha Christie
1199.**Crônicas de motel** – Sam Shepard
1200.**Pequena filosofia da paz interior** – Catherine Rambert
1201.**Os sertões** – Euclides da Cunha
1202.**Treze à mesa** – Agatha Christie
1203.**Bíblia** – John Riches
1204.**Anjos** – David Albert Jones
1205.**As tirinhas do Guri de Uruguaiana 1** – Jair Kobe
1206.**Entre aspas (vol.1)** – Fernando Eichenberg
1207.**Escrita** – Andrew Robinson
1208.**O spleen de Paris: pequenos poemas em prosa** – Charles Baudelaire
1209.**Satíricon** – Petrônio
1210.**O avarento** – Molière
1211.**Queimando na água, afogando-se na chama** – Bukowski
1212.**Miscelânea septuagenária: contos e poemas** – Bukowski
1213.**Que filosofar é aprender a morrer e outros ensaios** – Montaigne
1214.**Da amizade e outros ensaios** – Montaigne
1215.**O medo à espreita e outras histórias** – H.P. Lovecraft
1216.**A obra de arte na era de sua reprodutibilidade técnica** – Walter Benjamin
1217.**Sobre a liberdade** – John Stuart Mill
1218.**O segredo de Chimneys** – Agatha Christie
1219.**Morte na rua Hickory** – Agatha Christie
1220.**Ulisses (Mangá)** – James Joyce
1221.**Ateísmo** – Julian Baggini
1222.**Os melhores contos de Katherine Mansfield** – Katherine Mansfield
1223(31).**Martin Luther King** – Alain Foix
1224.**Millôr Definitivo: uma antologia de** ***A Bíblia do Caos*** – Millôr Fernandes
1225.**O Clube das Terças-Feiras e outras histórias** – Agatha Christie
1226.**Por que sou tão sábio** – Nietzsche
1227.**Sobre a mentira** – Platão
1228.**Sobre a leitura** ***seguido do*** **Depoimento de Céleste Albaret** – Proust
1229.**O homem do terno marrom** – Agatha Christie
1230(32).**Jimi Hendrix** – Franck Médioni
1231.**Amor e amizade e outras histórias** – Jane Austen
1232.**Lady Susan, Os Watson e Sanditon** – Jane Austen
1233.**Uma breve história da ciência** – William Bynum
1234.**Macunaíma: o herói sem nenhum caráter** – Mário de Andrade
1235.**A máquina do tempo** – H.G. Wells
1236.**O homem invisível** – H.G. Wells
1237.**Os 36 estratagemas: manual secreto da arte da guerra** – Anônimo
1238.**A mina de ouro e outras histórias** – Agatha Christie
1239.**Pic** – Jack Kerouac
1240.**O habitante da escuridão e outros contos** – H.P. Lovecraft
1241.**O chamado de Cthulhu e outros contos** – H.P. Lovecraft
1242.**O melhor de Meu reino por um cavalo!** – Edição de Ivan Pinheiro Machado
1243.**A guerra dos mundos** – H.G. Wells
1244.**O caso da criada perfeita e outras histórias** – Agatha Christie
1245.**Morte por afogamento e outras histórias** – Agatha Christie
1246.**Assassinato no Comitê Central** – Manuel Vázquez Montalbán
1247.**O papai é pop** – Marcos Piangers
1248.**O papai é pop 2** – Marcos Piangers
1249.**A mamãe é rock** – Ana Cardoso
1250.**Paris boêmia** – Dan Franck
1251.**Paris libertária** – Dan Franck
1252.**Paris ocupada** – Dan Franck
1253.**Uma anedota infame** – Dostoiévski
1254.**O último dia de um condenado** – Victor Hugo
1255.**Nem só de caviar vive o homem** – J.M. Simmel
1256.**Amanhã é outro dia** – J.M. Simmel
1257.**Mulherzinhas** – Louisa May Alcott
1258.**Reforma Protestante** – Peter Marshall
1259.**História econômica global** – Robert C. Allen
1260(33).**Che Guevara** – Alain Foix
1261.**Câncer** – Nicholas James
1262.**Akhenaton** – Agatha Christie
1263.**Aforismos para a sabedoria de vida** – Arthur Schopenhauer
1264.**Uma história do mundo** – David Coimbra
1265.**Ame e não sofra** – Walter Riso
1266.**Desapegue-se!** – Walter Riso
1267.**Os Sousa: Uma família do barulho** – Mauricio de Sousa
1268.**Nico Demo: O rei da travessura** – Mauricio de Sousa
1269.**Testemunha de acusação e outras peças** – Agatha Christie
1270(34).**Dostoiévski** – Virgil Tanase
1271.**O melhor de Hagar 8** – Dik Browne
1272.**O melhor de Hagar 9** – Dik Browne
1273.**O melhor de Hagar 10** – Dik e Chris Browne
1274.**Considerações sobre o governo representativo** – John Stuart Mill
1275.**O homem Moisés e a religião monoteísta** – Freud
1276.**Inibição, sintoma e medo** – Freud
1277.**Além do princípio de prazer** – Freud
1278.**O direito de dizer não!** – Walter Riso
1279.**A arte de ser flexível** – Walter Riso
1280.**Casados e descasados** – August Strindberg
1281.**Da Terra à Lua** – Júlio Verne
1282.**Minhas galerias e meus pintores** – Kahnweiler
1283.**A arte do romance** – Virginia Woolf
1284.**Teatro completo v. 1: As aves da noite** ***seguido de*** **O visitante** – Hilda Hilst

1285.**Teatro completo v. 2: O verdugo** ***seguido de*** **A morte do patriarca** – Hilda Hilst
1286.**Teatro completo v. 3: O rato no muro** ***seguido de*** **Auto da barca de Camiri** – Hilda Hilst
1287.**Teatro completo v. 4: A empresa** ***seguido de*** **O novo sistema** – Hilda Hilst
1289.**Fora de mim** – Martha Medeiros
1290.**Divã** – Martha Medeiros
1291.**Sobre a genealogia da moral: um escrito polêmico** – Nietzsche
1292.**A consciência de Zeno** – Italo Svevo
1293.**Células-tronco** – Jonathan Slack
1294.**O fim do ciúme e outros contos** – Proust
1295.**A jangada** – Júlio Verne
1296.**A ilha do dr. Moreau** – H.G. Wells
1297.**Ninho de fidalgos** – Ivan Turguêniev
1298.**Jane Eyre** – Charlotte Brontë
1299.**Sobre gatos** – Bukowski
1300.**Sobre o amor** – Bukowski
1301.**Escrever para não enlouquecer** – Bukowski
1302.**222 receitas** – J. A. Pinheiro Machado
1303.**Reinações de Narizinho** – Monteiro Lobato
1304.**O Saci** – Monteiro Lobato
1305.**Memórias da Emília** – Monteiro Lobato
1306.**O Picapau Amarelo** – Monteiro Lobato
1307.**A reforma da Natureza** – Monteiro Lobato
1308.**Fábulas** ***seguido de*** **Histórias diversas** – Monteiro Lobato
1309.**Aventuras de Hans Staden** – Monteiro Lobato
1310.**Peter Pan** – Monteiro Lobato
1311.**Dom Quixote das crianças** – Monteiro Lobato
1312.**O Minotauro** – Monteiro Lobato
1313.**Um quarto só seu** – Virginia Woolf
1314.**Sonetos** – Shakespeare
1315(35).**Thoreau** – Marie Berthoumieu e Laura El Makki
1316.**Teoria da arte** – Cynthia Freeland
1317.**A arte da prudência** – Baltasar Gracián
1318.**O louco** ***seguido de*** **Areia e espuma** – Khalil Gibran
1319.**O profeta** ***seguido de*** **O jardim do profeta** – Khalil Gibran
1320.**Jesus, o Filho do Homem** – Khalil Gibran
1321.**A luta** – Norman Mailer
1322.**Sobre o sofrimento do mundo e outros ensaios** – Schopenhauer
1323.**Epidemiologia** – Rodolfo Sacacci
1324.**Japão moderno** – Christopher Goto-Jones
1325.**A arte da meditação** – Matthieu Ricard
1326.**O adversário secreto** – Agatha Christie
1327.**Pollyanna** – Eleanor H. Porter
1328.**Espelhos** – Eduardo Galeano
1329.**A Vênus das peles** – Sacher-Masoch
1330.**O 18 de brumário de Luís Bonaparte** – Karl Marx
1331.**Um jogo para os vivos** – Patricia Highsmith
1332.**A tristeza pode esperar** – J.J. Camargo
1333.**Vinte poemas de amor e uma canção desesperada** – Pablo Neruda
1334.**Judaísmo** – Norman Solomon
1335.**Esquizofrenia** – Christopher Frith & Eve Johnstone
1336.**Seis personagens em busca de um autor** – Luigi Pirandello
1337.**A Fazenda dos Animais** – George Orwell
1338.**1984** – George Orwell
1339.**Ubu Rei** – Alfred Jarry
1340.**Sobre bêbados e bebidas** – Bukowski
1341.**Tempestade para os vivos e para os mortos** – Bukowski
1342.**Complicado** – Natsume Ono
1343.**Sobre o livre-arbítrio** – Schopenhauer
1344.**Uma breve história da literatura** – John Sutherland
1345.**Você fica tão sozinho às vezes que até faz sentido** – Bukowski
1346.**Um apartamento em Paris** – Guillaume Musso
1347.**Receitas fáceis e saborosas** – José Antonio Pinheiro Machado
1348.**Por que engordamos** – Gary Taubes
1349.**A fabulosa história do hospital** – Jean-Noël Fabiani
1350.**Voo noturno** ***seguido de*** **Terra dos homens** – Antoine de Saint-Exupéry
1351.**Doutor Sax** – Jack Kerouac
1352.**O livro do Tao e da virtude** – Lao-Tsé
1353.**Pista negra** – Antonio Manzini
1354.**A chave de vidro** – Dashiell Hammett
1355.**Martin Eden** – Jack London
1356.**Já te disse adeus, e agora, como te esqueço?** – Walter Riso
1357.**A viagem do descobrimento** – Eduardo Bueno
1358.**Náufragos, traficantes e degredados** – Eduardo Bueno
1359.**Retrato do Brasil** – Paulo Prado
1360.**Maravilhosamente imperfeito, escandalosamente feliz** – Walter Riso
1361.**É...** – Millôr Fernandes
1362.**Duas tábuas e uma paixão** – Millôr Fernandes
1363.**Selma e Sinatra** – Martha Medeiros
1364.**Tudo que eu queria te dizer** – Martha Medeiros
1365.**Várias histórias** – Machado de Assis
1366.**A sabedoria do Padre Brown** – G. K. Chesterton
1367.**Capitães do Brasil** – Eduardo Bueno
1368.**O falcão maltês** – Dashiell Hammett
1369.**A arte de estar com a razão** – Arthur Schopenhauer
1370.**A visão dos vencidos** – Miguel León-Portilla
1371.**A coroa, a cruz e a espada** – Eduardo Bueno
1372.**Poética** – Aristóteles
1373.**O reprimido** – Agatha Christie
1374.**O espelho do homem morto** – Agatha Christie
1375.**Cartas sobre a felicidade e outros textos** – Epicuro
1376.**A corista e outras histórias** – Anton Tchékhov
1377.**Na estrada da beatitude** – Eduardo Bueno

IMPRESSÃO:
PALLOTTI
GRÁFICA
Santa Maria - RS | Fone: (55) 3220.4500
www.graficapallotti.com.br